Conhecimentos básicos da deficiência física para o atendimento educacional especializado

O selo DIALÓGICA da Editora InterSaberes faz referência às publicações que privilegiam uma linguagem na qual o autor dialoga com o leitor por meio de recursos textuais e visuais, o que torna o conteúdo muito mais dinâmico. São livros que criam um ambiente de interação com o leitor – seu universo cultural, social e de elaboração de conhecimentos –, possibilitando um real processo de interlocução para que a comunicação se efetive.

Conhecimentos básicos da deficiência física para o atendimento educacional especializado

Maria de Fátima Fernandes Vara

Ruth Eugênia Cidade

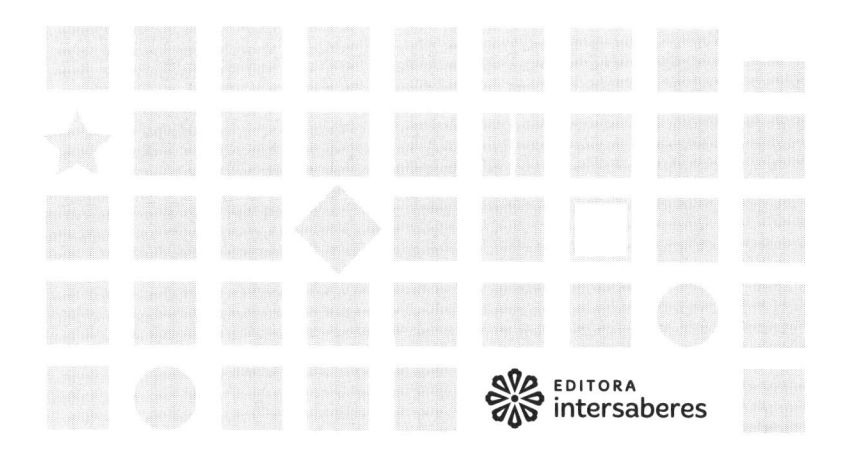

EDITORA
intersaberes

EDITORA intersaberes

Rua Clara Vendramin, 58 . Mossunguê . CEP 81200-170 . Curitiba . PR . Brasil
Fone: (41) 2106-4170 . www.intersaberes.com . editora@editoraintersaberes.com.br

Conselho editorial
Dr. Ivo José Both (presidente)
Drª Elena Godoy
Dr. Neri dos Santos
Dr. Ulf Gregor Baranow

Editora-chefe
Lindsay Azambuja

Gerente editorial
Ariadne Nunes Wenger

Analista editorial
Ariel Martins

Preparação de originais
Ana Maria Ziccardi

Edição de texto
Gustavo Piratello de Castro

Capa e projeto gráfico
Bruno Palma e Silva (design)
HeinzTeh/Shutterstock
(imagem de capa)

Diagramação
Maiane Gabriele de Araujo

Equipe de design
Débora Gipiela
Charles L. da Silva

Iconografia
Celia Kikue Suzuki
Regina Claudia Cruz Prestes

Dados Internacionais de Catalogação na Publicação (CIP)
(Câmara Brasileira do Livro, SP, Brasil)

Vara, Maria de Fátima Fernandes
    Conhecimentos básicos da deficiência física para o atendimento educacional especializado/Maria de Fátima Fernandes Vara, Ruth Eugenia Cidade. Curitiba: InterSaberes, 2020. (Série Pressupostos da Educação Especial)

    Bibliografia.
    ISBN 978-85-227-0258-9

    1. Atendimento Educacional Especializado (AEE) 2. Educação especial 3. Educação inclusiva 4. Inclusão escolar 5. Neuroanatomia 6. Pessoas com deficiência – Acessibilidade 7. Pessoas com deficiência – Educação I. Cidade, Ruth Eugenia. II. Título. III. Série.

19-31744   CDD-371.9

Índices para catálogo sistemático:
1. Atendimento Educacional Especializado:
    Professores: Educação inclusiva: Educação especial   371.9

Cibele Maria Dias – Bibliotecária – CRB-8/9427

Sumário

Capítulo 6

"Cada pessoa só é capaz de dizer 'eu' se e porque pode, ao mesmo tempo, dizer 'nós'"
(Elias, 1994, p. 57)
A cada pessoa que vem a nossa mente e que até aqui contribuiu generosamente para o nosso crescimento e amadurecimento pessoal e profissional.
Fátima e Ruth

"Porque Deus amou o mundo de tal maneira que deu seu Filho unigênito, para que todo aquele que nele crê não pereça, mas tenha a vida eterna."
João 3:16 (Bíblia Sagrada, 2011, p. 130)

Apresentação

A construção desta obra se justifica pela necessidade de unir os conhecimentos básicos sobre a deficiência física e os fundamentos do atendimento educacional especializado (AEE) a ela relacionados. O objetivo é viabilizar, em um único texto, instrução, experiência e ciência sobre deficiência física, AEE e processo inclusivo, para os profissionais da educação especial e de áreas afins. Assim, abordaremos assuntos que levam à compreensão da deficiência física para gerar uma prática consistente do AEE com caráter inclusivo.

Para tanto, no Capítulo 1, para que você tenha, primeiramente, acesso a aspectos básicos relacionados ao tema, apresentaremos os conceitos, as terminologias, a classificação e os tipos de deficiência, além de um breve histórico do assunto e os aspectos sociais envolvidos nessa questão, como possibilidades de prevenção e causas de deficiências.

Depois, no Capítulo 2, abordaremos a neuroanatomia, parte da anatomia que trata do sistema nervoso (SN) e algumas de suas estruturas, para que você compreenda, diante da complexidade desse sistema, como uma parte de suas vias são comprometidas nos diferentes tipos de deficiência apresentadas neste livro e o porquê das alterações ocorrerem.

No Capítulo 3, você conhecerá algumas questões do desenvolvimento motor, com ênfase no aspecto sensório-motor da pessoa com deficiência física, mostrando a perspectiva de que sempre é possível fazer "mais": dar mais atenção, fazer mais reflexão, agir com mais vontade e ter mais comprometimento ao elaborar as atividades para propiciar as melhores oportunidades para a compreensão e o aprendizado das pessoas com deficiência.

Causas das deficiências e possíveis comprometimentos funcionais e sensoriais advindos delas serão apresentados no Capítulo 4, seguidos do conceito de acessibilidade e seus diferentes tipos no Capítulo 5. Finalizando a discussão, no Capítulo 6, trataremos dos aspectos gerais do AEE e suas aplicações na formação das pessoas com deficiência.

Esperamos que, ao longo do texto, consigamos despertar em você a curiosidade em buscar conhecer as peculiaridades de cada tipo de deficiência física, bem como de aspectos do AEE na perspectiva inclusiva.

Boa leitura!

Como aproveitar
ao máximo este livro

Empregamos nesta obra recursos que visam enriquecer seu aprendizado, facilitar a compreensão dos conteúdos e tornar a leitura mais dinâmica. Conheça a seguir cada uma dessas ferramentas e saiba como elas estão distribuídas no decorrer deste livro para bem aproveitá-las.

Introdução do capítulo

Logo na abertura do capítulo, informamos os temas de estudo e os objetivos de aprendizagem que serão nele abrangidos, fazendo considerações preliminares sobre as temáticas em foco.

Síntese

Ao final de cada capítulo, relacionamos as principais informações nele abordadas a fim de que você avalie as conclusões a que chegou, confirmando-as ou redefinindo-as.

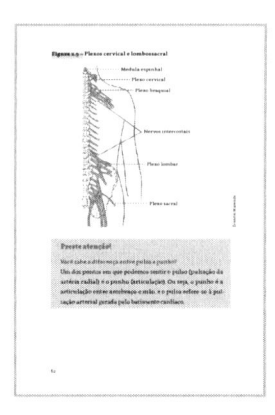

Preste atenção!

Apresentamos informações complementares a respeito do assunto que está sendo tratado.

Indicações culturais

Para ampliar seu repertório, indicamos conteúdos de diferentes naturezas que ensejam a reflexão sobre os assuntos estudados e contribuem para seu processo de aprendizagem.

Atividades de autoavaliação

Apresentamos estas questões objetivas para que você verifique o grau de assimilação dos conceitos examinados, motivando-se a progredir em seus estudos.

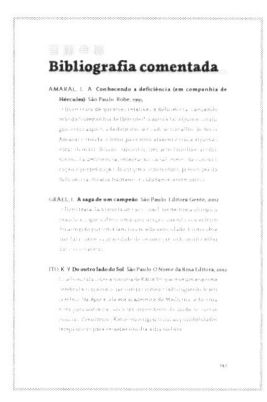

Atividades de aprendizagem

Aqui apresentamos questões que aproximam conhecimentos teóricos e práticos a fim de que você analise criticamente determinado assunto.

Bibliografia comentada

Nesta seção, comentamos algumas obras de referência para o estudo dos temas examinados ao longo do livro.

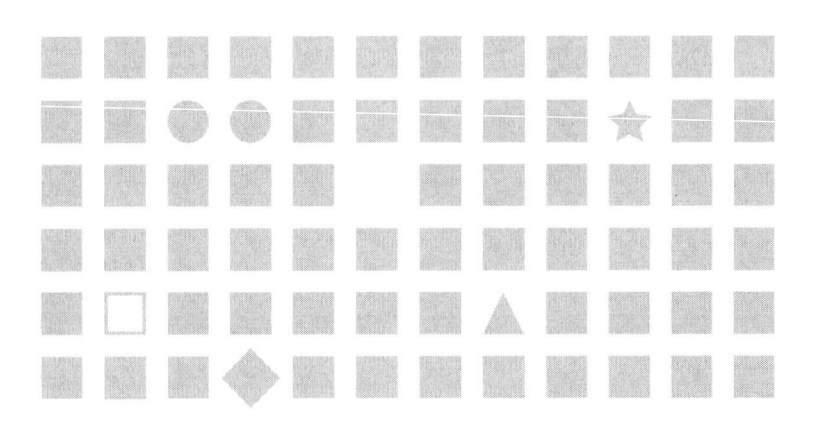

Capítulo 1

Aspectos gerais da deficiência física

Embora o tema *deficiência física* seja discutido há algum tempo, é possível encontrar, no meio escolar, alguma confusão em relação à nomenclatura utilizada quando falamos de *deficiência* e de *deficiência física*. Assim, neste capítulo, trataremos dos conceitos de necessidades especiais ou de diferentes e peculiares condições. Você terá acesso a um breve percurso histórico da deficiência em geral e alguns dos aspectos sociais que envolvem a pessoa com deficiência.

Na sequência, de uma forma peculiar, abordaremos as causas e a prevenção de deficiências. Por fim, você conhecerá a classificação e os tipos de deficiência física.

1.1 Necessidades especiais ou diferentes e peculiares condições

Localizamos na Política Nacional de Educação Especial (Brasil, 1994), a denominação *pessoa portadora de deficiência* como a mais usada na área da educação e adotada pela Organização das Nações Unidas (ONU) nos anos 1990, caracterizando que a deficiência estava na pessoa, mas não era a pessoa.

Outras definições traziam o termo *portador*, como em Duarte e Werner (1995, p. 8), "pessoas portadoras de deficiência são seres que possuem potencialidades, limitações e diferenças que os constituem como um ser ímpar [sic]". A expressão *pessoa com necessidades especiais* também é muito empregada na área da educação e identifica a pessoa que tem uma ou mais necessidades, mas que não é, essencialmente, uma pessoa com deficiência.

Ou seja, nem toda pessoa com uma necessidade especial é uma pessoa que tem uma deficiência, mas toda pessoa que tem uma deficiência está no universo das necessidades especiais.

A expressão **pessoa portadora de necessidades especiais** é abrangente e define a pessoa como

a que apresenta, em caráter permanente ou temporário, algum tipo de deficiência física, sensorial, cognitiva, múltipla, condutas típicas ou altas habilidades, necessitando, por isso, de recursos especializados para desenvolver mais plenamente o seu potencial e/ou superar ou minimizar suas dificuldades. (Brasil, 1994, p. 22-23).

Observamos que a expressão *pessoa portadora* que aparece nas definições mencionadas faz parte de um momento histórico. Atualmente, essa expressão é considerada inadequada e imprópria, por isso usamos a expressão *pessoa com deficiência* e, conforme o caso, *pessoa com necessidades especiais.*

No contexto escolar, a expressão utilizada é *pessoas com necessidades educacionais especiais.* Em Pedrinelli e Verenguer (2005), encontramos a denominação *pessoas que apresentam diferentes e peculiares condições* como sinônimo de *necessidades especiais.*

E quais são as necessidades especiais?

A expressão *necessidades especiais* refere-se a comprometimentos de caráter transitório ou permanente, dentre uma ampla lista de situações, que pode ser algum tipo de deficiência (física, sensorial, intelectual ou múltipla); altas habilidades/superdotação; transtorno do espectro autista (TEA); transtorno de déficit de atenção e hiperatividade (TDHA); distúrbio de saúde (obesidade, cardiopatia, pneumopatia etc.); dificuldades e/ou transtornos de aprendizagem; distúrbios no desenvolvimento da fala e da linguagem; entre muitas outras.

Apresentaremos, a você, uma perspectiva dessa evolução terminológica e conceitual a partir dos anos 1980. Para fins de estudo, Seaman e DePauw apresentaram, em 1982, a classificação do Quadro 1.1:

Quadro 1.1 – Evolução terminológica e conceitual a partir dos anos 1980

deficiência mental
deficiência auditiva
deficiência visual
deficiência física
distúrbios de saúde
deficiência da fala ou linguagem
problemas de conduta desajustada ou psicótica
distúrbios de aprendizagem

Fonte: Elaborado com base em Seaman; DePauw, citados por Pellegrini; Junghanel, 1985.

Diferentemente do que se via nos anos 1980, na década seguinte, as deficiências aparecem incorporadas, formando um grupo distinto dentre as necessidades especiais (Brasil, 1994; Marchesi; Martín, 1995), conforme o Quadro 1.2:

Quadro 1.2 – Terminologia utilizada nos anos 1990

Deficiência (mental, auditiva, visual, física e múltipla).
Condutas típicas de síndromes neurológicas, psiquiátricas ou psicológicas (com manifestações comportamentais que acarretam prejuízos no relacionamento social como, por exemplo, o autismo).
Altas habilidades ou superdotação.
Distúrbios de saúde (obesidade, diabetes, cardiopatias etc.).
Problemas de comunicação, fala e linguagem.
Distúrbios de aprendizagem.

Fonte: Elaborado com base em Brasil, 1994; Marchesi; Martin, 1995.

Ainda com intuito de identificar o universo das necessidades especiais (diferentes e peculiares condições), consideramos a classificação do Quadro 1.2 e identificamos alguma alteração terminológica no Quadro 1.3:

Quadro 1.3 – Terminologias para necessidades especiais

Deficiência (intelectual, auditiva, visual, física e múltipla).
Transtorno global do desenvolvimento (TGD), como o autismo.
Altas habilidades ou superdotação.
Distúrbios de saúde, como obesidade, diabetes, cardiopatias etc.
Problemas de comunicação, fala e linguagem.
Distúrbios de aprendizagem.

Fonte: Elaborado com base em Marchesi; Martin, 1995; Schirmer et al., 2007.

Para fins exclusivamente didáticos, apresentamos, no Quadro 1.4, uma classificação com algumas das necessidades especiais existentes, considerando as alterações terminológicas e de agrupamento:

Quadro 1.4 – Terminologia atual para necessidades especiais

Deficiência (intelectual, auditiva, visual, física e múltipla).
Transtorno do espectro autista (TEA).
Altas habilidades ou superdotação.
Transtorno de déficit de atenção e hiperatividade (TDHA).
Distúrbios de saúde, como obesidade, diabetes, cardiopatias etc.
Problemas de comunicação, fala e linguagem.
Dificuldades e/ou transtornos de aprendizagem.

Comparando os quadros acima, podemos perceber as mudanças de nomenclatura ao longo das décadas de 1980, 1990, 2000 e 2010 e reflita.

1.2 Conceito e terminologia de deficiência física

Localizado o grupo das deficiências em meio ao universo das necessidades especiais, passaremos a examinar, dentro do grupo das deficiências, a deficiência física, foco deste estudo.

Muitos termos e conceitos que envolvem a deficiência física têm sido utilizados: deficiência neuromotora, deficiência física neuromotora, deficiência física não sensorial ou deficiência físico-motora.

O termo *neuromotora* diz respeito aos comprometimentos ocasionados por lesões nos centros e nas vias nervosas que comandam o sistema muscular, cujas causas podem ser infecções, traumas ou machucados acontecidos em qualquer etapa da vida da pessoa ou por alteração ou degeneração neuromuscular que consistem em, basicamente: fraqueza muscular, paralisia ou alteração da coordenação motora.

A paralisia cerebral, a lesão medular e as miopatias estão incluídas nessa terminologia, que, no entanto, exclui as amputações, por exemplo. Neste livro, consideraremos a amputação como deficiência física.

Portanto, como este livro se propõe a tratar a deficiência física de forma ampla, usaremos a expressão *deficiência física* para englobar situações neurológicas e ortopédicas, já que, em alguns casos, como na amputação, podemos ter implicações ortopédicas e neurológicas.

O conceito legal de deficiência física está definido no Decreto Federal n. 3.298, de 20 de dezembro de 1999, em seu art. 4 como

> Alteração completa ou parcial de um ou mais segmentos do corpo humano, acarretando o comprometimento da função física, apresentando-se sob a forma de paraplegia, paraparesia, monoplegia, monoparesia, tetraplegia, tetraparesia, triplegia, triparesia, hemiplegia, hemiparesia, amputação ou ausência de membro, paralisia cerebral, membros com deformidade congênita ou adquirida, exceto as deformidades estéticas e as que não produzam dificuldades para o desempenho de funções. (Brasil, 1999)

Resumindo, a **deficiência física** é entendida como qualquer alteração no corpo humano em consequência de um comprometimento congênito ou adquirido, de origem ortopédica, neurológica ou de má-formação, levando a pessoa acometida à restrição, à dificuldade ou ao impedimento de alguma tarefa motora. Assim, a principal característica de quem tem deficiência física é o comprometimento anatomofuncional, que interfere nos movimentos da pessoa.

A Organização Mundial da Saúde (OMS) tem abordado a questão por meio da Classificação Internacional de Funcionalidade, Incapacidade e Saúde (CIF) – International Classification of Functioning, Disability and Health (ICP) (WHO, 2001), que apresenta critérios para classificar, avaliar e intervir na saúde e nas incapacidades das pessoas. Esse sistema de classificação nos remete a dimensões da funcionalidade humana e abrange os seguintes termos, conforme apresentado no Quadro 1.5.

Quadro 1.5 – Critérios CIF

Termo/expressão	Definição
Deficiência	Problemas nas funções ou nas estruturas do corpo como um desvio significativo ou uma perda.
Funções do corpo	Funções fisiológicas dos sistemas do corpo, inclusive, as funções psicológicas.
Estruturas do corpo	Partes anatômicas do corpo, como órgãos, membros e seus componentes.
Atividade	Execução de uma tarefa ou ação por um indivíduo.
Participação	Envolvimento em situações de vida diária.
Restrições de participação	Problemas que um indivíduo pode enfrentar ao se envolver em situações de vida.
Limitações de atividades	Dificuldades que um indivíduo pode encontrar na execução de atividades.
Factores ambientais	Constituem o ambiente físico, social e atitudinal em que as pessoas vivem e conduzem sua vida.

Fonte: OMS, 2004, p. 13.

As **deficiências físicas** apresentam-se de duas formas: congênita ou adquirida. Na Figura 1.1, explicamos cada uma delas.

Figura 1.1 – Formas de apresentação da deficiência física

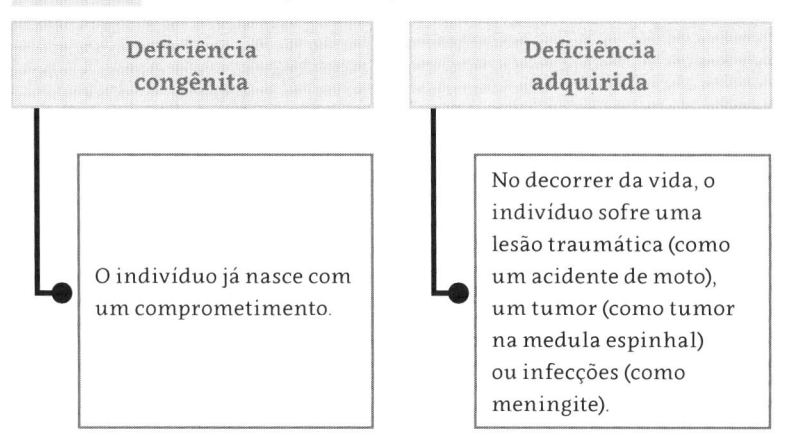

Na Figura 1.2, indicamos a classificação da deficiência física, segundo Cidade e Freitas (2009).

Figura 1.2 – Classificação da deficiência física

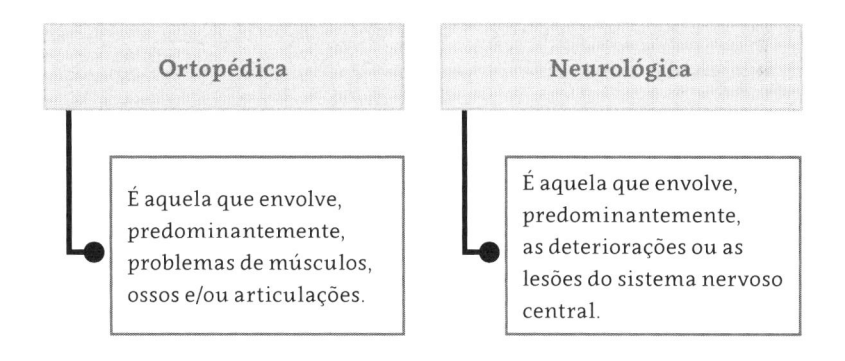

Quanto à maneira de evolução, as deficiências físicas podem ser identificadas como progressiva, como a distrofia muscular, ou permanente, como a amputação.

Existem vários tipos de deficiências físicas em diferentes níveis de acometimento, entre as quais destacamos as mais comuns: paralisia cerebral, acidente vascular cerebral (AVC), traumatismo cranioencefálico (TCE), lesões medulares, amputações, baixa estatura (nanismo), alterações posturais, miopatias, osteogênese imperfeita, artrogripose, esclerose múltipla, má-formações congênitas, entre outros.

O grupo formado por pessoas com deficiência física é amplo e heterogêneo e, segundo a ONU, está estimado em 2% da população.

1.3 Aspectos históricos e sociais que envolvem a deficiência

Aspectos históricos

De forma geral, a pessoa com deficiência está presente na sociedade desde os tempos mais antigos. No princípio da humanidade, havia dois tipos mais comuns de conduta em relação às pessoas com deficiência: um comportamento de tolerância e menosprezo e outro que excluía a pessoa do convívio social (Silva, 1986).

Nesse tempo, a maioria dos povos eram nômades e viviam seu dia a dia pela sobrevivência, portanto uma pessoa com deficiência poderia dificultar o deslocamento e a caminhada e colocar em risco todo o grupo; por isso, a aceitação e a sobrevivência desses indivíduos não eram consideradas. Dependendo do povo, as pessoas com deficiência eram tidas como bons espíritos e, em outros, como maus (Carmo, 1991).

Hipócrates (460 a.C. a 377 a.C.), segundo alguns estudiosos, dedicava-se à árdua tarefa de separar a superstição e o misticismo dos fatos da medicina (Silva, 1986). Um dos casos mais comuns e misteriosos para a época era a epilepsia, conhecida como *mal divino*, cuja origem Hipócrates atribuía ao cérebro.

Na Grécia e em Roma (500 a.C. e 400 d.C.), havia maior preocupação com a capacidade física dos soldados para a proteção do Estado contra os inimigos. A condição permanente de atividades guerreiras fez com que esses povos apreciassem os corpos perfeitos e fortes para os confrontos. Os soldados amputados em consequência das guerras eram honrados e considerados como heróis. Contudo, ainda nesse período, a superstição em relação às crianças que nasciam imperfeitas fisicamente continuava e elas eram eliminadas ao nascer.

Com o avanço do cristianismo (400 d.C. a 1500 d.C.) e de sua doutrina voltada para a caridade, o entendimento sobre a pessoa com deficiência começou a mudar, dada a ênfase nos ensinos religiosos. Nessa fase da história, as pessoas com deficiência sobreviveram ou por estarem em suas casas – escondidas em porões ou quartos – ou por estarem sob os cuidados dos padres em monastérios (Silva, 1986).

Avançando na história, ao longo dos séculos XVI e XVII, sabemos que as pessoas com deficiência física eram discriminadas. Com algumas exceções, muitos hospitais da Alemanha e da França começaram, já no século XVII, a ser controlados pelos governos locais. Especialmente, o governo francês se empenhou em atender aos menos favorecidos, como mendigos, doentes pobres e incuráveis e, entre estes, as pessoas com deficiência física e intelectual.

O século XVIII foi influenciado pela transição das formas de pensar, passando da superstição para a compaixão. Nesse período, teve início o interesse de educar e de reabilitar a pessoa com deficiência. Assim, surgiram as primeiras instituições, como hospitais e escolas, para cegos e surdos. No século XIX, com a revolução intelectual por meio de diversas áreas do conhecimento, países como França, Inglaterra, Irlanda, Alemanha, Escócia e Estados Unidos passaram a assumir a responsabilidade de atender a grupos marginalizados e minoritários em instituições especializadas. Essas novas organizações destinavam-se não apenas à assistência e à proteção mas também ao estudo de soluções para os atendimentos. Mesmo ainda sendo considerada uma "coitada", a pessoa com deficiência passou a ser vista como ser humano, com sentimentos e capaz de viver sua vida, desde que lhe fossem garantidos meios adequados para isso.

Alguns dos principais acontecimentos no século XX, como as duas guerras mundiais, a depressão norte-americana nos anos 1930 e o movimento dos direitos humanos nos anos 1950, foram fundamentais para o surgimento de interesses de sociedades internacionais privadas, como a Reabilitação Internacional (Rehabilitation International), e governamentais sobre as questões referentes às pessoas com deficiência, especialmente nos campos da medicina, da reabilitação, da educação e da terapia ocupacional (Silva, 1986).

Em sua 30ª sessão, em 16 de dezembro de 1976, a Assembleia Geral das Nações Unidas, pela Resolução 31/123, proclamou, oficialmente, o ano de 1981 como o Ano Internacional das Pessoas

Deficientes e estabeleceu os seguintes objetivos (Brasil, 1981, p. 2):

1. Ajudar os deficientes no seu ajustamento físico e psicossocial na sociedade;

2. Promover todos os esforços, nacionais e internacionais, para proporcionar aos deficientes assistência adequada, treinamento, cuidadosa orientação, oportunidades para trabalho compatível e assegurar a sua plena integração na sociedade;

3. Estimular projetos de estudo e pesquisa, visando à participação prática e efetiva de deficientes nas atividades da vida diária, melhorando as condições de acesso aos edifícios públicos e sistemas de transportes;

4. Educar e informar o público sobre o direito das pessoas deficientes de participarem e contribuírem nos vários aspectos da vida econômica, social e política;

5. Promover medidas eficazes para a prevenção de deficiências e para a reabilitação das pessoas deficientes.

Como resultado dessa preparação para o ano internacional da pessoa com deficiência, a Reabilitação Internacional – órgão consultivo da ONU, entidade internacional de reabilitação, com sede em Nova York – apresentou à Junta Executiva do Unicef (Fundo das Nações Unidas para a Infância) um relatório baseado em informações e estudos de 60 anos sobre a situação da deficiência infantil no mundo. O documento apresentou uma análise da situação de crianças com deficiências físicas, intelectuais ou sensoriais e revelou a magnitude do problema (Unicef, 1980).

Outro documento produzido pela Reabilitação Internacional na época foi a *Carta dos anos 80*, uma declaração de consenso de prioridades internacionais de ação para a década 1980-1990. A Carta propôs promover as metas "de participação e igualdade plena" (Brasil, 1981, p. 33) para pessoas com deficiência no mundo todo, dando a elas o direito de participar da vida de sua comunidade, ter as mesmas condições de vida que os demais cidadãos, inclusive participação igual na melhoria do padrão de vida decorrente do desenvolvimento económico e social. A Carta foi a mais ampla consulta internacional já realizada nas áreas de prevenção e reabilitação (Brasil, 1981).

Atentando às recomendações da ONU, o plano de ação, no Brasil, foi constituído pelos seguintes objetivos a serem cumpridos durante a década (1980-1990), em curto, médio e longo prazos: conscientização, prevenção, educação, reabilitação, capacitação profissional e acesso ao trabalho, remoção de barreiras arquitetônica e legislação.

A partir desses encaminhamentos e dessas ações, percebemos um grande desenvolvimento nesse tema, com avanços que nos trouxeram até aqui.

Aspectos sociais

Numa perspectiva adotada mundialmente, a décima parte de todas as crianças nasce com (ou adquire), impedimentos – físicos, intelectuais ou sensoriais – que interferirão em sua capacidade para um desenvolvimento normal, a não ser que lhes sejam prestadas assistência e atenções especiais. Os números podem ser maiores em países em desenvolvimento, alcançando de 15% a 20% de todas as crianças, conforme as definições de deficiência utilizadas para as pesquisas das populações e das comunidades.

De modo geral, e ainda hoje, os problemas que afetam as pessoas com deficiência no mundo são, comumente, em decorrência de séculos de superstição, falta de conhecimento e medo. As principais causas da deficiência são resultados da pobreza e da ignorância. Nas áreas rurais e nas favelas do mundo em desenvolvimento, ficam evidentes a relação entre a deficiência e a pobreza (Unicef, 1980).

Mesmo com os avanços conquistados na área, as pessoas com deficiência ainda encontram inúmeras dificuldades, entre elas: a falta de atendimento educacional adequado e de saúde especializado; o desemprego; a discriminação; o preconceito; a dificuldade de acesso aos locais públicos, seja pela falta de transporte adequado, seja por barreiras arquitetônicas.

O confronto diário do indivíduo com deficiência está ligado ao mundo físico e às outras pessoas. O mundo físico diz respeito a haver ou não acessibilidade nos ambientes, nas escolas, nos transportes, no comércio, nas ruas etc. Quando falamos sobre o enfrentamento com as outras pessoas, estamos nos referindo a seus valores e a suas atitudes, que excluem da sua convivência, por desconhecimento ou por desvalorização, a pessoa que tem alguma deficiência , bem como as excluem dos direitos e dos proveitos acessíveis em sociedade, o que podemos entender como *segregação* (Vash, 1988).

1.4 Causas de deficiência física

As causas da deficiência física podem ser divididas de acordo com o momento em que ocorrem: pré-natal, durante o parto e após o nascimento.

As **causas pré-natais** são os problemas ocorridos durante a gravidez que podem lesar o feto. Entre as principais causas, estão as infecções pelo cordão umbilical, que ocorrem quando a mãe passa, pelo sangue, vírus e outros micro-organismos que causam infecções e estes podem provocar lesão no feto.

De acordo com Duarte e Werner (1995), as principais doenças são:

- Desnutrição: na gestante, no primeiro trimestre de gravidez, a desnutrição materna afeta gravemente o feto, uma vez que a sua nutrição é feita por meio do sangue da mãe. Este comprometimento poderá acometer, principalmente, o sistema nervoso em formação.
- Má-formação congênita: deformidade ou alteração que ocorre durante o primeiro trimestre de gestação e interfere no processo de formação do feto, por vezes, sem causa aparente. A mielomeningocele, por exemplo, é causada por má-formação do sistema nervoso.
- Meningite: infecção grave do sistema nervoso, causada por vírus ou bactérias. Se a mãe contrair a doença durante a gestação, poderá transmiti-la ao feto, causando um dano maior no sistema nervoso dele.
- Radiações: exposições prolongadas da gestante a radiações no primeiro trimestre de gestação poderão provocar alterações na formação do feto.

- Rubéola: doença causada por vírus, transmitida pela mãe ao feto, cujos principais danos causados a ele, no primeiro trimestre de gravidez, são no sistema nervoso e/ou nos órgãos dos sentidos. A partir do quarto ou do quinto mês de gestação, pode não ocorrer dano ao feto.
- Toxoplasmose: doença que a mãe contrai por meio de contato com animais, como coelho, pombo, gato e rato, que se transmite para o feto através da corrente sanguínea. A criança poderá sofrer comprometimento na formação do crânio e lesões no sistema nervoso, entre outros problemas.

Durante o parto, a criança poderá sofrer comprometimentos no sistema nervoso decorrentes de complicações e, com isso, vir a ter algum tipo de deficiência. Quando essas complicações ocorrem no momento do nascimento, chamam-se *lesões perinatais*, que podem ser provocadas por:

- Anóxia ou asfixia: diminuição do oxigênio no sangue, que pode provocar lesões no sistema nervoso.
- Eritroblastose fetal: incompatibilidade entre o sangue da mãe e o da criança; porém, atualmente, já existem vacinas e cuidados especiais que reduzem muito o risco de ocorrer esse problema.
- Prematuridade: até a 36ª semana de gestação, o bebê é considerado prematuro ou com peso muito abaixo da média, aos 9 meses (desmatura). Nesses casos, a criança está suscetível a distúrbios físicos e funcionais.
- Traumatismo durante o parto.

Após o nascimento (pós-natal), muitas são as causas que podem levar uma pessoa à deficiência física. Entre elas:

- Alterações circulatórias: são os acidentes vasculares cerebrais, popularmente conhecidos como *derrame*, e o aneurisma.
- Craniossinostose: calcificação dos ossos do crânio precocemente, que impede o crescimento do cérebro (microcefalia).
- Infecções: no sistema nervoso, órgãos dos sentidos ou do sistema locomotor, por meio de vírus e bactérias que podem provocar alterações nessas estruturas.
- Traumatismos: ferimentos por projéteis de armas, quedas e acidentes podem causar a deficiência física.
- Tumores: na medula, por exemplo.

Na Figura 1.3, apresentamos, em resumo, as causas gerais das deficiências:

Figura 1.3 – Causas de deficiência

Carências nutricionais que afetam mães e crianças e são causadas por dificuldades econômicas, políticas e sociais.	Acontecimentos que incorrem em comprometimentos de crianças nos períodos pré-natais, perinatais e pós-natais.	Outros fatores, como poluição ambiental e impedimentos de origem desconhecida.

1.5 Prevenção de deficiências

Em saúde, a prevenção pode ser definida como toda a atuação que permita eliminar ou diminuir uma enfermidade, um transtorno ou uma deficiência. A prevenção tem como objetivo geral impedir a aparição de uma doença e buscar, ao máximo, a qualidade de vida do ser humano. Estima-se que, com a adoção de medidas adequadas, apropriadas e exequíveis, cerca de 70% das ocorrências de deficiências poderiam ser evitadas ou atenuadas (Brasil, 2010).

Nesse sentido, a prevenção eficaz das causas é feita com providências sistemáticas e amplas, propagandas, divulgações e programas que podem ser eficientes para alcançar a população, como: ações em imunização; acompanhamento às gestantes, em especial, as de risco; exames para os recém-nascidos; acompanhamento do crescimento infantil; acompanhamento de diabéticos, hipertensos e pessoas com hanseníase; prevenção de acidentes, tanto domésticos quanto no trânsito e no trabalho; prevenção de violências com relação à ingestão de álcool/drogas.

No Brasil, há dois bons exemplos de ações sistemáticas: (1) a campanha de vacinação contra a poliomielite, cuja vacina é indicada como rotina para todas as crianças menores de cinco anos; e (2) o teste básico do pezinho, realizado no recém-nascido para detectar doenças como a fenilcetonúria e outras aminoacidopatias, o hipotireoidismo congênito, a anemia falciforme e outras hemoglobinopatias.

Existem três níveis (ou tipos) diferentes de prevenção: primária, secundária e terciária. Vejamos cada uma delas na Figura 1.4, a seguir.

Figura 1.4 – Níveis ou tipos diferentes de prevenção

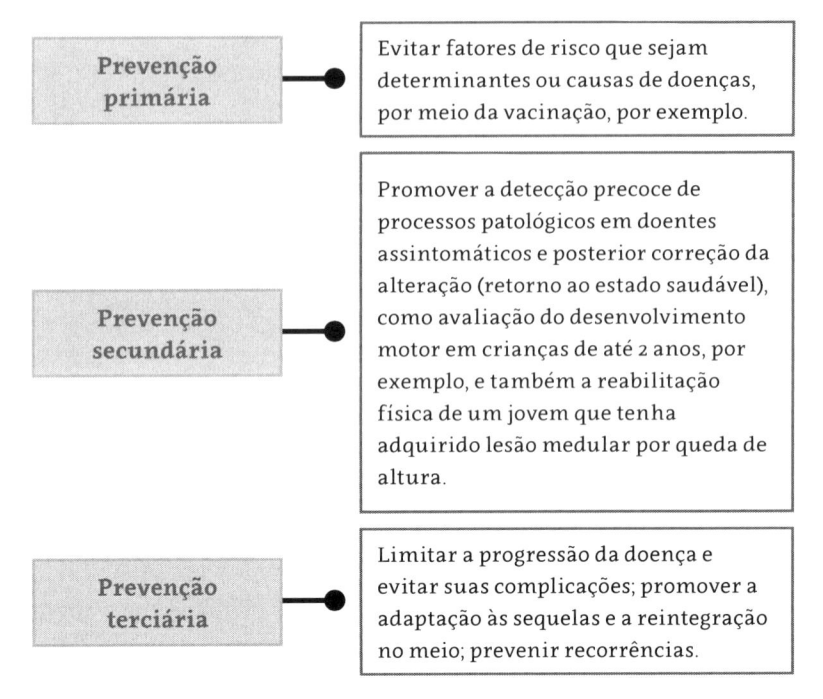

Prevenção primária	Evitar fatores de risco que sejam determinantes ou causas de doenças, por meio da vacinação, por exemplo.
Prevenção secundária	Promover a detecção precoce de processos patológicos em doentes assintomáticos e posterior correção da alteração (retorno ao estado saudável), como avaliação do desenvolvimento motor em crianças de até 2 anos, por exemplo, e também a reabilitação física de um jovem que tenha adquirido lesão medular por queda de altura.
Prevenção terciária	Limitar a progressão da doença e evitar suas complicações; promover a adaptação às sequelas e a reintegração no meio; prevenir recorrências.

Em relação à deficiência especificamente, o relatório da Reabilitação Internacional entregue à Junta Executiva da Unicef em 1980, cita três categorias de atividades como **medidas para a redução das consequências da deficiência** em crianças:

a. prevenir a ocorrência de impedimento físico, intelectual ou sensorial;

b. instalado o impedimento, evitar as limitações funcionais permanentes, ou controlar, tanto quanto possível, suas consequências limitantes;

c. impedir que a coletividade e o ambiente físico e social conduzam crianças com deficiências a uma existência estigmatizada, segregada e isolada (Unicef, 1980, p. 26).

Assim, podemos indicar a correlação entre os três níveis de prevenção e a deficiência: prevenção ao impedimento/primária; reabilitação na deficiência/secundária; e integração social na incapacidade/terciária (Amaral, 1995).

1.6 Classificação e tipos de deficiência

Como vimos anteriormente, há uma variedade de causas, tipos e sequelas de deficiências físicas. Independentemente de serem congênitas ou adquiridas, é necessário que possamos reconhecer e entender as deficiências físicas mais comuns na escola.

Assim, para este estudo, selecionamos as seguintes deficiências: paralisia cerebral, espinha bífida, hidrocefalia, lesão medular espinhal, distrofias musculares, amputações e baixa estatura.

Paralisia cerebral

A paralisia cerebral (PC) é o nome popular para encefalopatia crônica não progressiva, encefalopatia crônica da infância ou deficiência neuromotora.

Causada por uma lesão de uma ou de mais áreas específicas do sistema nervoso central, responsáveis pelo controle motor, a PC é uma alteração não progressiva que pode ter origem antes, durante ou logo após o nascimento e manifesta-se pela perda ou pelo comprometimento do controle sobre a musculatura voluntária (Winnick, 2004).

A Paralisia Cerebral pode ser definida como um distúrbio não progressivo, um conjunto de transtornos que afeta o movimento e a postura, alterando a coordenação da ação muscular. Ocorre durante o desenvolvimento do cérebro fetal ou infantil, podendo contribuir para limitações no perfil de funcionalidade da pessoa.

A perturbação motora na PC pode ser acompanhada por distúrbios perceptivos, cognitivos, sensoriais, de comunicação e comportamental e por problemas musculoesqueléticos secundários (Brasil, 2013c).

A expressão *paralisia cerebral* traz uma noção equivocada e superada pelo conhecimento atual da neurociência, portanto é preciso compreender que quem foi acometido de uma lesão no encéfalo poderá ter transtornos que afetam o movimento e a postura, alterando a coordenação da ação muscular, mas não terá seu cérebro paralisado.

Estima-se que um terço dos acometidos de PC tem, associado à desordem motora, o déficit intelectual.

As causas mais comuns de PC são:

- Pré-natais: anemia gestacional, malária, sarampo, infecções sexualmente transmissíveis (ISTs), toxoplasmose, exposição à radiação (raios X), ingestão de drogas, tabaco e álcool etc.
- Perinatais: hipóxia (redução de oxigênio) ou anóxia (falta de oxigênio) no momento do parto, acometimentos anormais no cordão umbilical, prematuridade.
- Pós-natais: anemias, meningites, afogamentos, quedas de altura, traumas no parto.

Na PC, a alteração da postura e dos movimentos está relacionada com as áreas acometidas no cérebro, e o comprometimento depende da extensão da lesão.

A classificação de diferentes formas de PC, de acordo com a característica clínica mais dominante, pode ser: espástica, discinética e atáxica.

No documento Diretrizes de atenção à pessoa com paralisia cerebral (Brasil, 2013c), encontramos a seguinte classificação:

- Paralisia espástica: a mais comum, é causada por uma lesão no córtex cerebral e caracteriza-se pelo aumento do tônus muscular (hipertonicidade). São comuns as contrações musculares involuntárias exageradas e fortes, quando os músculos afetados, abruptamente, são estendidos. O movimento é desajeitado e rígido porque o tônus muscular é muito tenso. A movimentação das extremidades é feita lentamente e com muito esforço.

- Paralisia discinética: caracteriza-se por movimentos involuntários e variações do tônus muscular. As pessoas com esse tipo de PC têm dificuldade de manterem-se em pé e caminharem em ritmo adequado, há movimentos involuntários na região da face e nos membros superiores. Isso significa dizer que há distonia (tônus muscular muito variável desencadeado pelo movimento) e coreoatetose (tônus instável, com a presença de movimentos involuntários e movimentação associada).

- Paralisia atáxica: caracterizada por diminuição do tônus muscular, incoordenação dos movimentos e equilíbrio instável na marcha. As pessoas com essa PC parecem instáveis e trêmulas. O tremor ocorre durante a execução de uma atividade manual simples, por exemplo, tocar a ponta do nariz com seu próprio dedo, escrever ou tentar cortar algo com uma faca.

Quanto à topografia, isto é, a localização e os membros afetados, a PC se classifica em:

- Monoplegia: apenas um membro é afetado.
- Diplegia: comprometimento maior das pernas e menor dos braços.
- Hemiplegia: comprometimento completo somente de um lado do corpo – braço e perna.
- Paraplegia: comprometimento de ambos os membros inferiores.
- Triplegia: comprometimento de três membros quaisquer – ocorrência rara.
- Quadriplegia: comprometimento total dos quatro membros, podendo também produzir dificuldades do movimento do tronco, da cabeça e do pescoço.

Nas diretrizes publicadas pelo Ministério da Saúde (Brasil, 2013c), encontramos a distribuição anatômica (ou topográfica) da PC, que se divide em: unilateral (engloba as monoplégicas e hemiplégicas), e bilateral (engloba as diplégicas, triplégicas, quadri/tetraplégicas e com dupla hemiplegia).

Outras desordens da função cerebral acompanham a PC. Entre elas, estão os acometimentos de cognição, visão, audição, fala, sensações táteis e atenção, bem como distúrbios na função gastrintestinal e do crescimento (Winnick, 2004).

Espinha bífida

Definida como uma má-formação congênita, a espinha bífida ocorre quando o tubo neural não se fecha completamente durante as quatro primeiras semanas de desenvolvimento fetal. Dessa forma, a estrutura de uma ou de mais vértebras não se desenvolve de forma adequada e o tecido nervoso fica exposto, formando uma protuberância mole, na qual a medula espinhal fica sem proteção. A causa desse problema é uma combinação de fatores genéticos e ambientais, como histórico familiar de má-formações da coluna vertebral e deficiência de ácido fólico.

A espinha bífida tem as seguintes classificações:

- Oculta: a mais leve e menos comum das ocorrências, na qual existe uma deformidade na vértebra, mas não há projeção de estruturas nem formação do saco (protuberância). Essa alteração pode não ser percebida durante a vida inteira do indivíduo e vir a ser relacionada a problemas neuromusculares ou esqueléticos.
- Meningocele: esse tipo de má-formação apresenta um revestimento da medula espinhal e uma herniação das meninges, projetados para formar o saco (protuberância). Essa forma raramente tem alguma lesão neurológica associada, mas pode vir acompanhada de alterações neuromusculares.
- Mielomeningocele: a forma mais comum – 80% dos casos de espinha bífida – e também a mais grave. O saco visível (protuberância) que se forma nas costas da criança consiste, geralmente, de meninges – revestimento da medula espinhal – e tecido neural do cordão espinhal. Acomete

com mais frequência as vértebras lombares, o que implica deficiência nos membros inferiores. Assim, pode causar dificuldade de locomoção, atraso no desenvolvimento motor, e músculos dos membros inferiores hipotrofiados. Disfunções da bexiga e intestino estão associadas a essa forma de espinha bífida, bem como outros comprometimentos estão presentes em 90% dos casos, como a cifose lombar e a hidrocefalia.

Cabe destacar que tanto a meningocele quanto a forma oculta, se forem detectadas logo após o nascimento do indivíduo e corrigidas cirurgicamente, não apresentarão sequelas graves.

Hidrocefalia

A hidrocefalia pode acontecer antes ou depois do nascimento e ocorre quando há o aumento excessivo das cavidades cerebrais denominadas de *ventrículos* e do líquido cefalorraquidiano (LCR). O acúmulo desse líquido dentro das cavidades, com consequente dilatação dos ventrículos, é que denominamos de *hidrocefalia*. Os ventrículos dilatam e o tecido cerebral pode vir a sofrer lesões (Mauerberg-deCastro, 2005).

Dessa forma, a hidrocefalia, conhecida vulgarmente como *cabeça d'água*, é o aumento do volume do líquido cefalorraquidiano (líquor) no dentro ou fora dos ventrículos. Há alteração do formato e do tamanho do crânio com dilatação da fontanela (moleira). Os sintomas incluem sonolência, paradas respiratórias e irritabilidade.

Lesão medular espinhal

A lesão medular espinhal refere-se a qualquer tipo de machucado que ocorre nas estruturas neurais do canal medular e pode ser traumática ou não. Vejamos a definição de cada um dos tipos de lesão:

- Lesão traumática: é causada, por exemplo, por fraturas e luxações –comuns em acidentes de trânsito, acidentes de trabalho, quedas de nível, mergulho, atividades esportivas – e ferimentos por arma de fogo ou instrumentos cortantes, como faca ou foices. O traumatismo provoca destruição do tecido neural resultando em lesão das estruturas medulares e interrompe a passagem de estímulos nervosos pela medula. É uma das causas mais frequentes (80%) de lesão da medula espinhal.
- Lesão não traumática: causada por tumores, infecções por vírus e doenças vasculares, como trombose e embolia degenerativas, como as dos discos intervertebrais neurológicas, como esclerose múltipla e doenças reumáticas; e má-formações congênitas.

A alteração motora e/ou a perda de sensibilidade dependerá do local da lesão, isto é, quanto à sua altura na coluna vertebral, e do grau de lesão, ou seja, se ela é completa ou parcial. A lesão completa ocorre quando a medula sofre rompimento total, o que fará com que a pessoa não tenha controle motor nem sensibilidade nas estruturas corporais inervadas abaixo daquele nível. Essa lesão é permanente. Já a lesão incompleta ocorre quando há preservação em diferentes graus da função motora e/ou sensitiva (Mauerberg-deCastro, 2005), o que significa que pode haver algum controle motor ou sensibilidade abaixo do local da lesão.

O indivíduo com lesão medular espinhal estará suscetível a diversas dificuldades que acompanham o quadro, como úlceras de pressão (escaras), disreflexia autonômica, infecções urinárias, disfunção intestinal, trombose, embolia pulmonar, espasticidade e contraturas (Marques; Cidade; Lopes, 2009).

Distrofias musculares

As distrofias musculares são um grupo de doenças determinadas geneticamente e caracterizadas com progressiva e difusa fraqueza muscular. Há uma grande diversidade clínica e genética entre os tipos de distrofias musculares. E os meninos são cinco a seis vezes mais afetados do que as meninas (Mauerberg-de Castro, 2005).

As formas mais frequentes de distrofia muscular são: a de Duchenne, a de Becker, a das cinturas, a miotônica (ou de Steinert) e a fascio-escápulo-humeral (ou de Landouzy-Dejerine).

Com base em Marques, Cidade e Lopes (2009), destacaremos duas do grupo distrofia muscular progressiva (DMP):

- Distrofia muscular de Duchenne: forma mais comum e grave da doença, atingindo, principalmente, meninos (99% dos casos). Manifesta-se entre 3 e 6 anos de idade e seus sinais mais comuns são: marcha alargada, dificuldade para correr, quedas frequentes, dificuldade para subir degraus, dificuldades para se levantar do chão de uma posição sentada. Em decorrência da fraqueza muscular e do acúmulo de tecido adiposo, lordose e obesidade são desenvolvidas. A progressão constante e rápida da doença, em geral, leva à incapacidade de andar em, aproximadamente, dez anos após o seu surgimento.

- Distrofia muscular de Becker: forma mais branda da doença e de avanço mais lento, afeta somente pessoas do sexo masculino e seus sintomas aparecem, geralmente, entre 5 e 15 anos de idade, destacando-se pelo prejuízo dos movimentos, como a dificuldade de levantar-se do chão, subir escadas e correr.

Amputações

Dividida em adquirida ou congênita, a amputação é a remoção de um membro superior e/ou inferior inteiro ou de um segmento específico de um membro.

- Adquirida: pode ser de causa traumática, tumoral, infecciosa ou vascular (diabetes, arterites, aterosclerose).
- Congênita: má-formação de um ou de mais membros como resultado de falhas na formação embrionária e fetal.

As amputações podem ser classificadas de acordo com o local e o nível de ausência do membro ou segundo a funcionalidade. Tradicionalmente, os tipos de deformidades congênitas estão divididos em deficiências transversas e longitudinais (Mauerberg-deCastro, 2005).

Baixa estatura

Antigamente denominada *nanismo*, a baixa estatura é uma doença genética que provoca um crescimento esquelético anormal, cuja altura do indivíduo é muito menor do que a altura média de toda a população. No estado adulto, a pessoa caracterizada como de baixa estatura tem cerca de 1 a 1,20 metro de altura.

Quanto à morfologia, a baixa estatura está dividida em dois grandes grupos:

- Proporcional: as partes do corpo são proporcionais, porém curtas. Esse tipo é causado por alterações hormonais em razão de uma desordem da glândula pituitária, que regula o crescimento.
- Desproporcional: o tamanho do indivíduo é muito mais baixo do que o normal e alguns de seus órgãos têm um tamanho maior em relação à altura. O tipo desproporcional é causado por alterações genéticas e apresenta duas formas muito semelhantes e mais comuns:

  1. Acondroplasia: apresenta a ausência da formação ou crescimento normal da cartilagem. Inicia-se na vida intrauterina e pode se manifestar por meio de uma marcha arrastada, lordose, limitada amplitude de movimentos e pernas arqueadas (Winnick, 2004).
  2. Hipocondroplasia: caracterizada por um crescimento anormal dos ossos que resulta em indivíduos com baixa estatura e com braços e pernas desproporcionalmente pequenos. Tende a ser mais atenuada do que a acondroplasia.

Síntese

Neste capítulo, apresentamos o conceito de deficiência física, os tipos de deficiência, suas principais causas e algumas formas de preveni-las. Também examinamos a terminologia que envolve a área e como ela entrelaça-se na história e nos aspectos sociais que envolvem a pessoa com deficiência física.

Indicações culturais

Filmes

MEU PÉ esquerdo. Direção: Jim Sheridan. Reino Unido; Irlanda: Fox Film do Brasil 1989. 119 min.

O filme narra a história de um jovem irlandês que nasceu com paralisia cerebral, o que lhe tirou todos os movimentos do corpo, menos do pé esquerdo. Apesar das dificuldades, o jovem torna-se escritor e pintor.

Atividades de autoavaliação

1. O grupo formado por pessoas com deficiência física é heterogêneo e estimado em 2% da população mundial. Existem vários tipos de deficiências físicas em diferentes níveis de acometimento. Entre as alternativas a seguir, assinale a que exemplifica tipos de deficiência física:
   a) Paralisia cerebral, diabetes, acidente vascular cerebral (AVC).
   b) Traumatismo cranioencefálico (TCE), lesões medulares e glaucoma.
   c) Amputações, distrofias musculares e espinha bífida.
   d) Deslocamento da retina, osteogênese imperfeita e má-formações congênitas
   e) Isquemia, paralisia cerebral e hemofilia

2. "Política tão antiga quanto a humanidade, a segregação apoia-se no tripé: preconceito, estereótipo e estigma" (Amaral, 1994, p. 40). Considerando essa citação julgue as afirmativas a seguir como verdadeiras (V) ou falsas(F).

( ) Estereótipo é uma arma poderosa que combate a inclusão.

( ) O preconceito significa julgamento antes de conhecer.

( ) O estigma preenche todas as expectativas.

( ) A informação combate o preconceito.

Agora, assinale a alternativa que indica a sequência correta:

a) V, V, V, F.

b) F, V, F, V.

c) F, V, V, F.

d) V, V, V, V.

e) F, F, F, F.

3. Assinale a alternativa que indica as causas perinatais de deficiência física:

a) Educação para o trânsito, normas de segurança e fatores ambientais.

b) Prematuridade, acidentes com o cordão umbilical e traumas obstétricos.

c) Falta de vacinação, ingestão de drogas e fumo.

d) Falta de serviços de reabilitação e condições perigosas de trabalho.

e) Mergulho em águas rasas e afogamentos.

4. Assinale a alternativa que indica corretamente a definição de paralisia cerebral:
   a) Encefalopatia não progressiva que ocorre antes do completo desenvolvimento do sistema nervoso central, podendo contribuir para limitações de funcionalidade, sensibilidade, cognição e outras.
   b) Desordem motora que paralisa o cérebro.
   c) Problema causado por uma lesão de uma ou de mais áreas específicas da coluna lombar, responsáveis pelo controle das pernas.
   d) Alteração progressiva que pode ter origem antes, durante ou logo após o nascimento.
   e) Apatia total das vias eferentes do sistema nervoso central.

5. É muito importante saber utilizar cada termo no contexto mais adequado para referir-se à pessoa com deficiência. Assim, assinale a alternativa correta com relação a essa situação:
   a) Não se recomenda o uso das palavras *portador* ou *deficiente.*
   b) As expressões *fardo para as famílias, coitadinho* e *vítima* são muito utilizadas pelas pedagogas.
   c) O termo *surdo-mudo* revela que o indivíduo tem dificuldades com a voz.
   d) A palavra *inclusivo* está associada a ambientes segregados.
   e) *Mongoloide* e *excepcional* são termos usados para indicar os tipos de retardo mental.

Atividades de aprendizagem

Questões para reflexão

1. "Nas áreas rurais e nas favelas urbanas do mundo em desenvolvimento, ficam especialmente evidentes as inter-relações entre a deficiência e a pobreza." (UNICEF, 1981). Considerando essa afirmação, comente como, ainda hoje, a pobreza pode estar ligada às causas de deficiência.

2. Reflita como é possível introduzir o tema de prevenção de deficiência associado a outros assuntos que são discutidos em sala de aula.

Atividade aplicada: prática

1. Entreviste uma professora ou um professor de ensino fundamental e lhe faça as seguintes questões:
   a) O que vem à sua mente quando você ouve o termo *deficiência*?
   b) Como você nomeia quem tem algum tipo de deficiência?
   c) Como você acha que a sociedade considera aqueles que têm algum tipo de deficiência?
   d) Qual a responsabilidade da mídia na disseminação dessa visão?
   e) Você acha que a mídia pode contribuir para mudar, ampliar ou esclarecer as questões ligadas à deficiência?

   Com base nas respostas coletadas na entrevista, elabore um plano de ação para aplicar na sala de aula do entrevistado com o propósito de discutir o uso de determinadas palavras para referir-se às pessoas com deficiência.

Capítulo 2

Neuroanatomia

A anatomia é a parte da ciência que estuda as estruturas do corpo humano. A palavra *anatomia*, de origem grega, significa "cortar em partes" (Van De Graaff, 2003). A neuroanatomia é a parte da anatomia que trata do sistema nervoso, espécie de controlador e integrador de tudo o que acontece no nosso corpo, tanto para as atividades conscientes quanto para as inconscientes.

Considerando a complexidade do assunto, neste capítulo, apresentaremos conceitos básicos do sistema nervoso, para que você compreenda onde fica e qual a função de cada uma de suas partes e poder entender como ele interage com os outros sistemas e as outras estruturas do nosso corpo, evidenciando as principais vias comprometidas nos diferentes tipos de deficiência.

Dessa forma, analisaremos o sistema nervoso central e o sistema nervoso periférico e as células que os compõem. Além disso, abordaremos a constituição e as funções dos neurônios e as vias que levam as informações do SNC para o restante do corpo.

2.1 Sistema nervoso

O sistema nervoso pode ser dividido em duas partes principais:

1. **Sistema nervoso central (SNC)**: formado pelo encéfalo e pela medula espinhal;
2. **Sistema nervoso periférico (SNP)**: formado pelo sistema nervoso somático e pelo sistema nervoso autônomo.

A Figura 2.1, a seguir, mostra essa divisão:

Figura 2.1 – Divisão do sistema nervoso

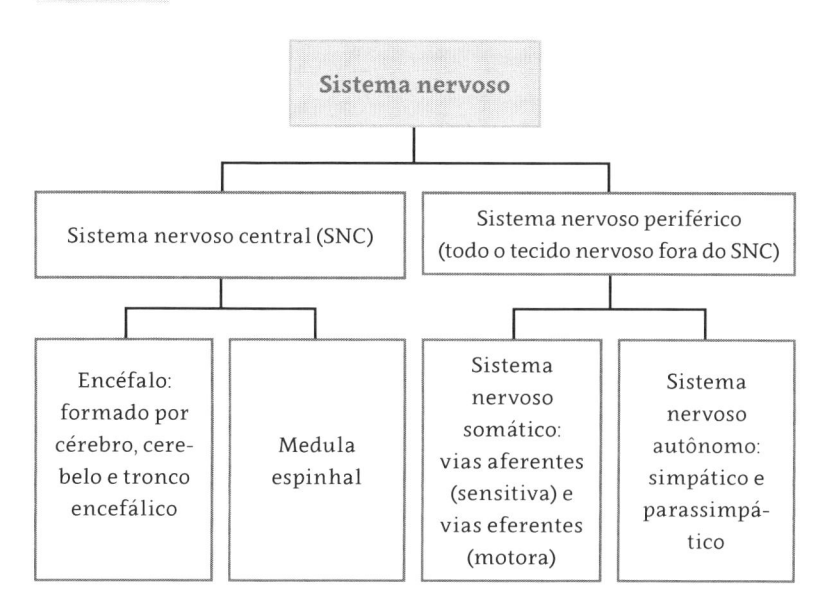

2.1.1 Sistema nervoso central

O sistema nervoso central (SNC) é formado pelo encéfalo e pela medula espinhal. Confome a Figura 2.2, ambos são protegidos por envoltórios denominados *meninges* e por estruturas ósseas: o encéfalo é protegido pela caixa craniana, e a medula espinhal, pela coluna vertebral.

Figura 2.2 – Encéfalo protegido pelas meninges e calota craniana

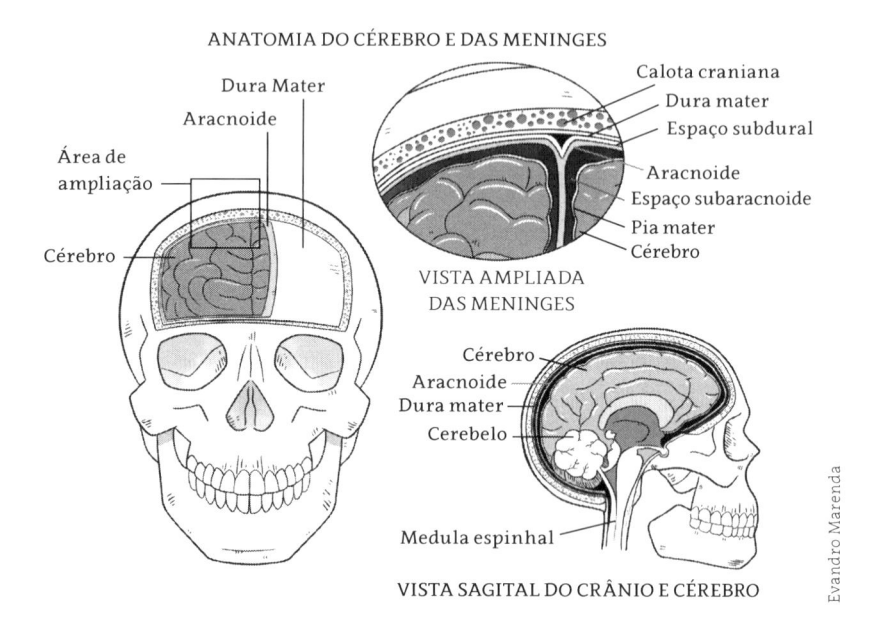

ANATOMIA DO CÉREBRO E DAS MENINGES

VISTA AMPLIADA DAS MENINGES

VISTA SAGITAL DO CRÂNIO E CÉREBRO

Evandro Marenda

É importante ressaltar que, em alguns casos, como um traumatismo craniano ou uma lesão medular, poderá acontecer a fratura de ossos e a lesão do encéfalo e/ou da medula; em outros casos, mesmo sem o comprometimento dessas estruturas de proteção, pode acontecer a lesão do encéfalo e/ou da medula.

O **encéfalo** é protegido pela calota craniana, tem alta taxa metabólica e necessita, continuamente, de oxigênio. Ele é formado pelo cérebro, pelo cerebelo e pelo tronco encefálico.

O **cérebro** faz o processamento e coordena as informações que transitam em nosso organismo, "Ele é quem reconhece um desejo, organiza ações e mobiliza estruturas neurais e corporais para realizá-las" (Nogueira; Ferreira, 2016, p. 51). Isso acontece em virtude das diferentes áreas responsáveis por memória, aprendizagem, interpretação, criatividade, linguagem, emoções, sentidos e movimentos, como ilustra a Figura 2.3.

Figura 2.3 – Áreas do cérebro e respectivas funções

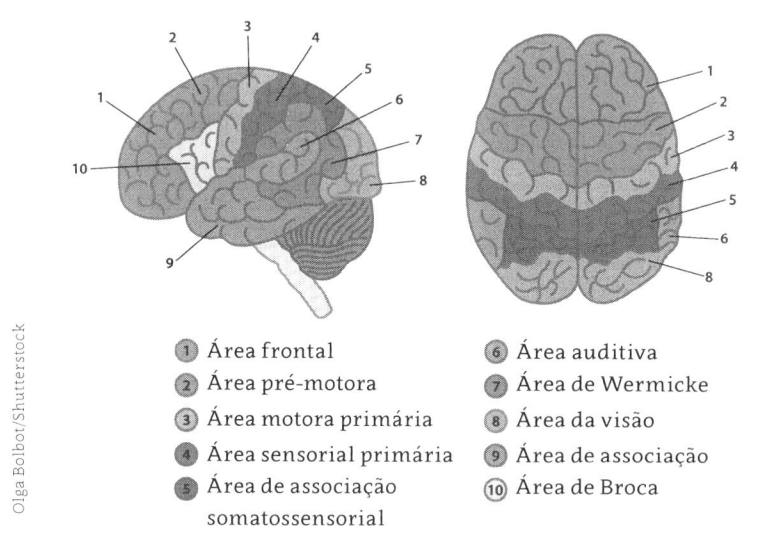

1. Área frontal
2. Área pré-motora
3. Área motora primária
4. Área sensorial primária
5. Área de associação somatossensorial
6. Área auditiva
7. Área de Wermicke
8. Área da visão
9. Área de associação
10. Área de Broca

Dependendo da área lesada, a pessoa apresentará um comprometimento específico.

Na Figura 2.4, podemos ver a localização do córtex sensório-motor. Quando o indivíduo sofre um dano nessa região, a consequência poderá ser motora e/ou sensitiva. Um exemplo é a espasticidade que algumas pessoas com paralisia cerebral apresentam em virtude de lesão no córtex cerebral.

Na Figura 2.4, podemos observar uma representação do homúnculo de Penfield, descrito em 1950[1]. As áreas com mais receptores do tato (mais sensíveis) aparecem em tamanho maior do que as menos sensíveis. Isso também se aplica aos movimentos: as áreas que aparecem maiores realizam movimentos mais precisos, de coordenação fina.

Figura 2.4 – Córtex sensorial e motor: homúnculo de Penfield[2]

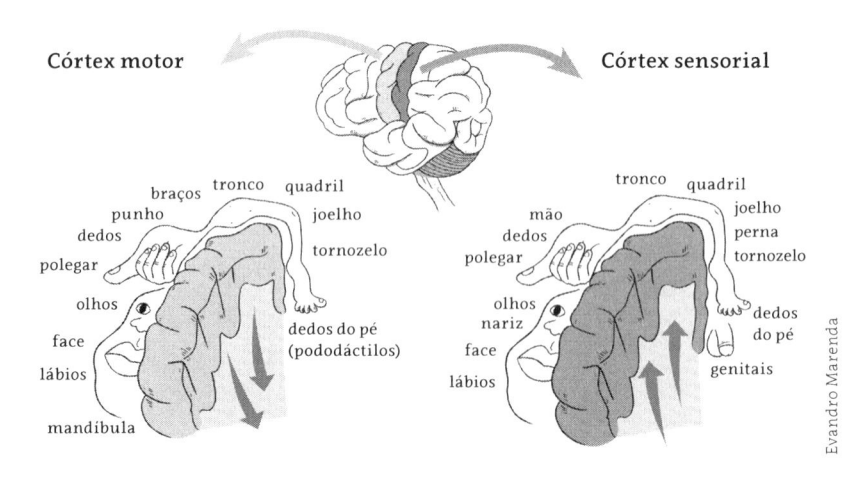

O **cerebelo**, mostrado na Figura 2.5, é uma das estruturas responsáveis pelo equilíbrio e pela coordenação motora. As lesões no cerebelo podem ocorrer em virtude de traumas;

---

1   Criado na primeira metade do século XX pelo neurocirurgião Wilder Peinfield e seus colegas pesquisadores, que, por meio de uma representação em desenho, descreveram a anatomia sensório-motora de humanos.

2   Roux, Djidjeli e Durand (2018) encontraram, em seus estudos, os mesmos resultados das descobertas de Penfield e seus colegas para a maior parte das áreas do modelo descrito em 1950, relatando que algumas diferenças observadas se devem, provavelmente, à maior precisão dos instrumentos e das tecnologias atuais.

tumores e infecções, entre outras causas. O indivíduo que sofre danos nessa estrutura poderá apresentar alteração/perda no equilíbrio e na coordenação (Zesiewicz et al., 2018).

A Figura 2.5 ilustra o **tronco encefálico**, que é formado por mesencéfalo, ponte e bulbo, e representa uma área pela qual passa grande número de axônios e transitam impulsos tanto originados no cérebro quanto direcionados a ele e pela qual. Além disso, entre outras funções, o bulbo funciona como centro de controle da respiração (Van De Graaff, 2003).

Figura 2.5 – Localização do tronco encefálico – mesencéfalo, ponte e bulbo

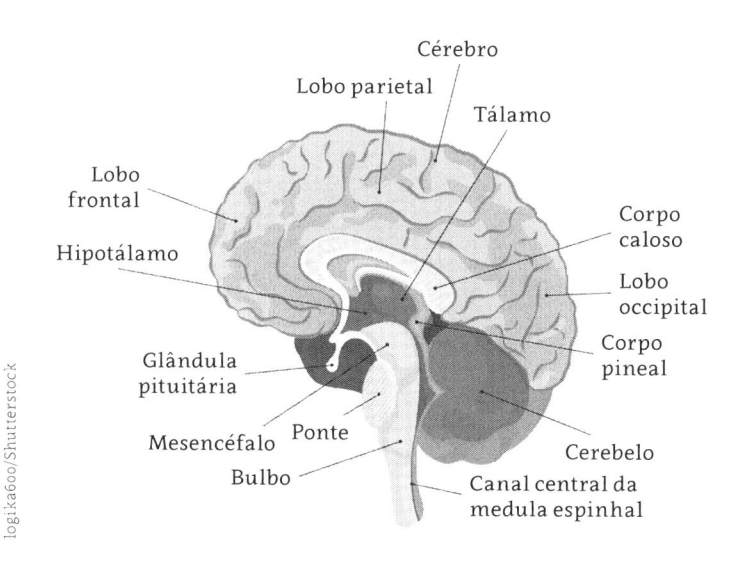

Como exemplos possíveis de repercussão funcional no indivíduo com paralisia cerebral, podemos mencionar: em caso de lesão no córtex cerebral, o indivíduo vai apresentar

espasticidade; em caso de lesão no cerebelo, pode ocorrer ataxia, alteração na coordenação e no equilíbrio; uma lesão no tronco encefálico provocará atetose.

A **medula espinhal**, importante via de comunicação entre o cérebro e as demais partes do corpo, é uma estrutura que se estende do forâmen magno (que você vê na Figura 2.2) até a vértebra L2, sempre protegida pela coluna vertebral. A medula espinhal apresenta duas dilatações, chamadas de *intumescências*: uma cervical e outra lombar. Esses segmentos são mais dilatados em virtude da presença de maior número de neurônios, dos quais saem as raízes nervosas para formar o plexo cervical e o plexo lombar, que serão discutidos no próximo tópico (Van De Graaff, 2003).

Analisando a medula espinhal por meio de um corte transversal, como ilustrado na Figura 2.6, é possível observar o **H medular**[3], formado por uma substância cinzenta – mais escura porque contém corpos celulares de neurônios – e uma substância branca – formada pelos axônios dos neurônios –, em virtude da bainha de mielina.

---

3 A expressão H *medular*, comum em neurologia, refere-se ao centro da medula, formada, basicamente, por corpos de neurônio em forma de H.

Figura 2.6 – Medula espinhal

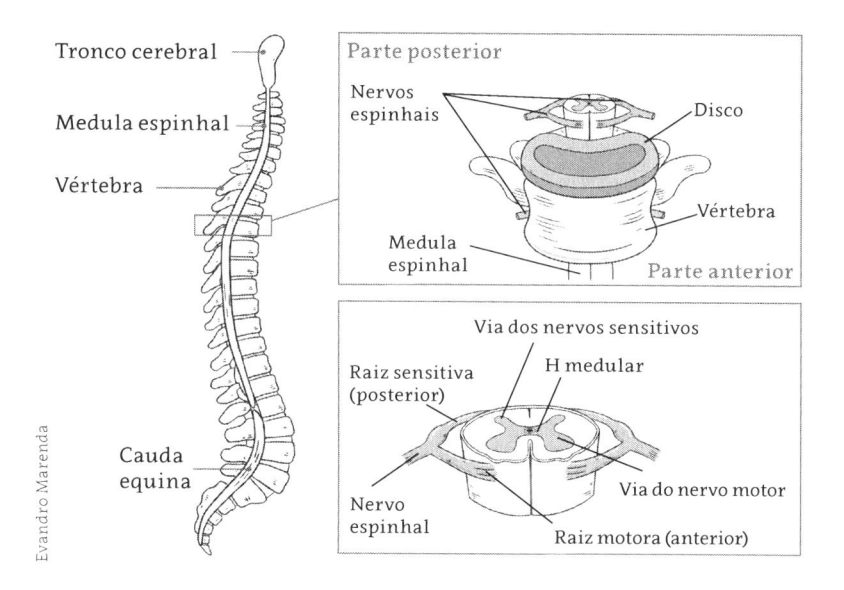

A coluna posterior da substância cinzenta é sensitiva e a coluna anterior é motora, portanto, dependendo da área comprometida – e se a lesão for completa ou incompleta –, o indivíduo poderá ter alteração ou perda de sensibilidade e/ou de controle do movimento.

2.1.2 Sistema nervoso periférico (SNP)

Como já mencionamos, as estruturas do SNC ficam protegidas por formações ósseas. Assim, fica fácil compreender que as ramificações do sistema nervoso que "saem" dessas proteções vão compor o sistema nervoso periférico (SNP). Dessa forma, os nervos são ramificações que partem do encéfalo (cranianos) e da medula (espinhais) funcionando como uma via pela qual transitam as informações do encéfalo para o restante do corpo (via eferente) ou do corpo em direção ao encéfalo (via aferente).

Como ilustrado na Figura 2.7, os 12 pares de **nervos cranianos** partem do encéfalo, com vias sensitivas e motoras.

Figura 2.7 – Nervos cranianos

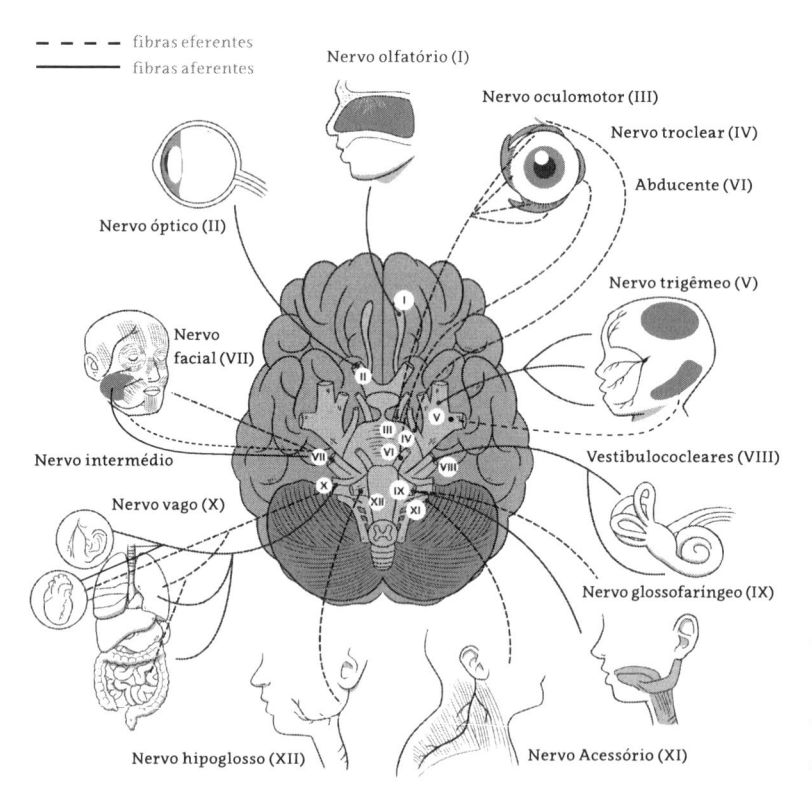

Na Figura 2.8, os 31 pares de **nervos espinhais** partem da medula espinhal. Eles têm vias sensoriais e motoras e, após se ramificarem ainda mais, vão inervar tronco e membros superiores (plexo braquial) e inferiores (plexo lombossacral).

Figura 2.8 – Nervos espinhais

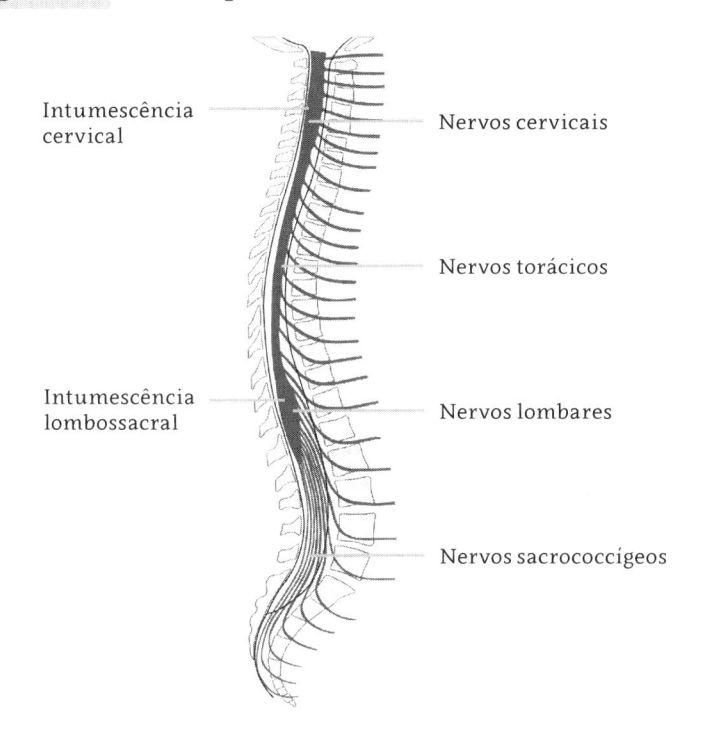

Intumescência cervical

Nervos cervicais

Nervos torácicos

Intumescência lombossacral

Nervos lombares

Nervos sacrococcígeos

Como podemos observar na Figura 2.8, a medula espinhal apresenta duas dilatações porque existem mais neurônios nesses segmentos, dos quais saem ramificações para formar os plexos braquial e lombossacral (Figura 2.9).

As ramificações do plexo braquial vão inervar os membros superiores e as ramificações do plexo lombossacral vão inervar os membros inferiores.

Figura 2.9 – Plexos cervical e lombossacral

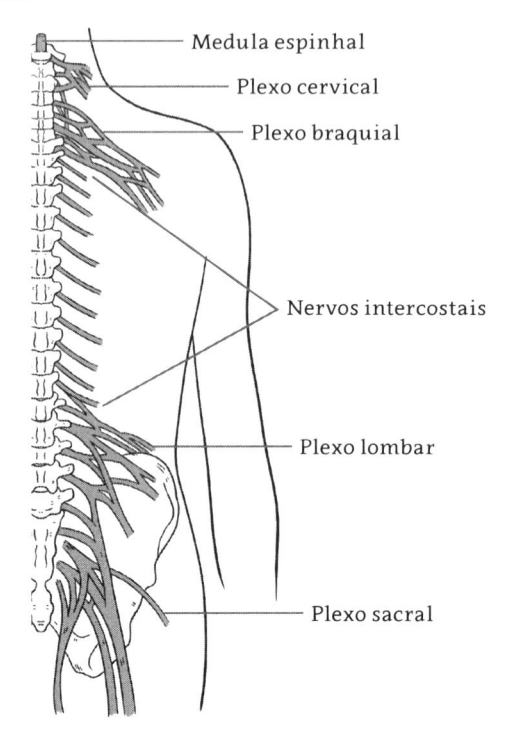

Medula espinhal
Plexo cervical
Plexo braquial
Nervos intercostais
Plexo lombar
Plexo sacral

Evandro Marenda

Preste atenção!

Você sabe a diferença entre pulso e punho?
Um dos pontos em que podemos sentir o pulso (pulsação da artéria radial) é o punho (articulação). Ou seja, o punho é a articulação entre antebraço e mão, e o pulso refere-se à pulsação arterial gerada pelo batimento cardíaco.

Chamamos a atenção para a diferença entre pulso e punho porque é muito comum certa confusão no uso dos nomes dos membros superiores – e dos inferiores também. Como estamos tratando de deficiência física, é preciso utilizar a nomenclatura correta para os segmentos dos membros superiores e inferiores porque é fundamental que sejam adequadamente identificados.

Figura 2.10 – Nomenclatura dos membros superiores e inferiores

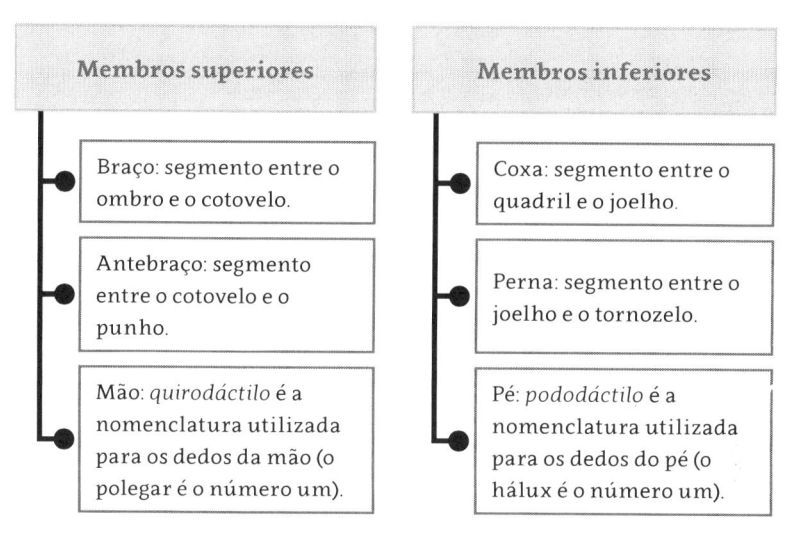

Membros superiores	Membros inferiores
Braço: segmento entre o ombro e o cotovelo.	Coxa: segmento entre o quadril e o joelho.
Antebraço: segmento entre o cotovelo e o punho.	Perna: segmento entre o joelho e o tornozelo.
Mão: *quirodáctilo* é a nomenclatura utilizada para os dedos da mão (o polegar é o número um).	Pé: *pododáctilo* é a nomenclatura utilizada para os dedos do pé (o hálux é o número um).

Continuando com a descrição do sistema nervoso periférico, vamos tratar de gânglios e do sistema nervoso autônomo.

Um **gânglio**, segundo Van de Graaff (2003), "é um agrupamento de corpos celulares fora do SNC", como ilustra a Figura 2.11.

Figura 2.11 – Corte transversal da coluna vertebral, onde aparece a posição do gânglio

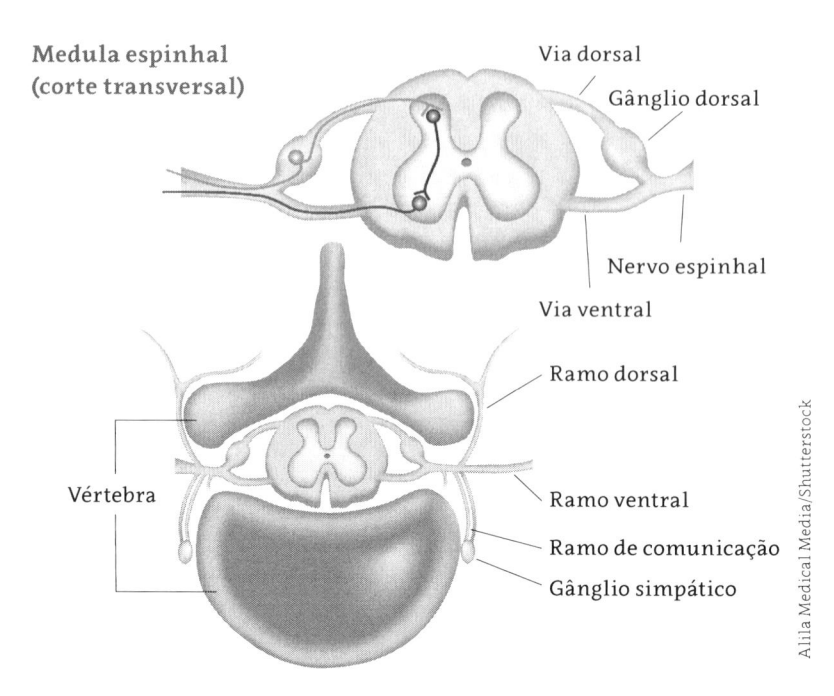

Medula espinhal (corte transversal)

Via dorsal

Gânglio dorsal

Nervo espinhal

Via ventral

Ramo dorsal

Vértebra

Ramo ventral

Ramo de comunicação

Gânglio simpático

Alila Medical Media/Shutterstock

O **sistema nervoso autônomo** (SNA) é responsável pelo controle de glândulas exócrinas e de músculos cardíacos e lisos. O SNA é subdividido em **simpático** e **parassimpático**. Os dois têm funções antagônicas, como mostra a Figura 2.12.

Figura 2.12 – SNA simpático e parassimpático

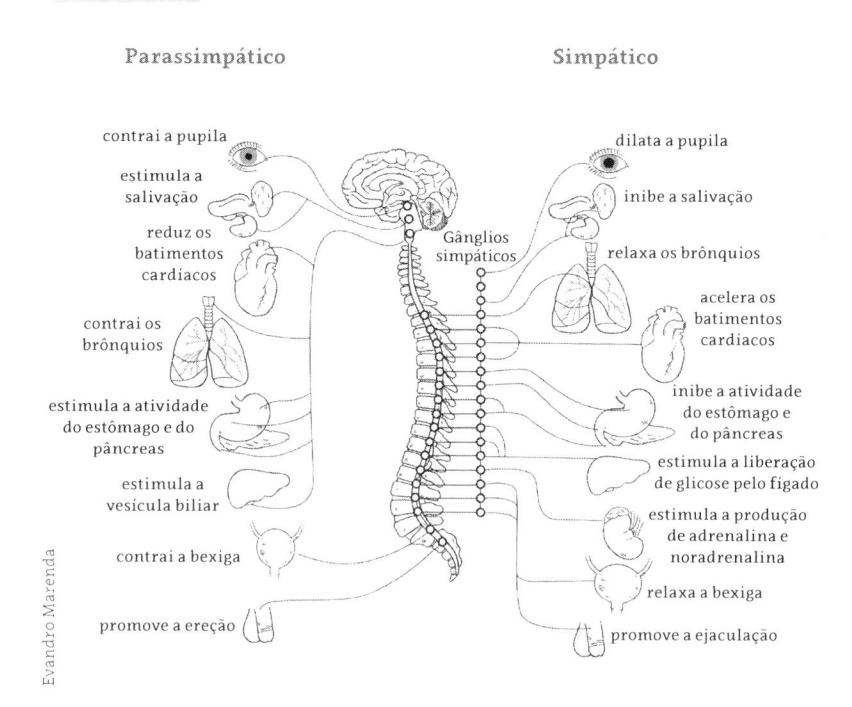

Parassimpático · Simpático

contrai a pupila · dilata a pupila
estimula a salivação · inibe a salivação
reduz os batimentos cardíacos · Gânglios simpáticos · relaxa os brônquios
contrai os brônquios · acelera os batimentos cardíacos
estimula a atividade do estômago e do pâncreas · inibe a atividade do estômago e do pâncreas
estimula a vesícula biliar · estimula a liberação de glicose pelo fígado
contrai a bexiga · estimula a produção de adrenalina e noradrenalina
promove a ereção · relaxa a bexiga
· promove a ejaculação

Evandro Marenda

Além das consequências motoras e sensoriais que, comumente ocorrem quando há lesão medular, também podem acontecer condições que comprometem o equilíbrio entre o sistema nervoso autônomo simpático e o parassimpático. Nesses caso, indivíduos com lesão medular na quinta vértebra torácica (nível T5) ou acima podem apresentar disreflexia autonômica, que é uma resposta exacerbada do sistema nervoso simpático – sem contrapartida proporcional do sistema parassimpático –, provocado por estímulos aferentes que ocorrem abaixo do nível da lesão. Esses estímulos podem ser um ferimento – incluindo úlceras de pressão – e bexiga cheia, entre outros.

Abordamos, de forma simples e objetiva, parte do funcionamento do SNC e do SNP para auxiliar a compreensão de parte das estruturas e das vias comprometidas nos tipos de deficiência apresentadas neste livro e o porquê das alterações ocorrerem.

2.2 Células do tecido nervoso

O sistema nervoso é formado por duas categorias principais de células, neurônios e neuroglias, as quais apresentaremos seguir.

2.2.1 Neurônios: corpo celular, dendritos, axônio e terminal sináptico

Os **neurônios** são as células estruturais e funcionais do sistema nervoso (SN), com três partes principais (Figura 2.13):

1. **Corpo do neurônio**: região na qual se encontram o núcleo e as organelas citoplasmáticas.
2. **Dendritos**: partes que se unem a outros neurônios.
3. **Axônio**: elementos pelos quais passa o impulso.

Figura 2.13 – Exemplo de neurônio

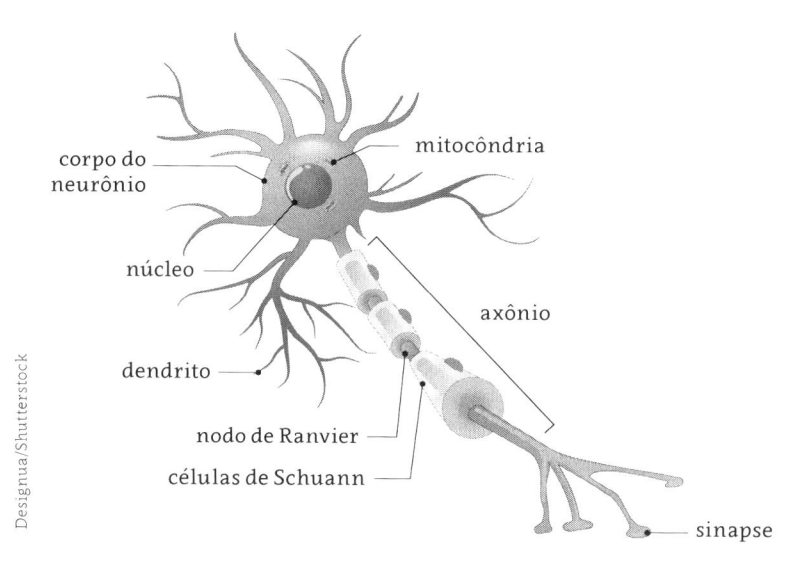

Designua/Shutterstock

A bainha de mielina recobre o axônio, funcionando como isolante; ela também aumenta a velocidade de condução do impulso nervoso. Em alguns casos, como na ataxia de Friedreich, a alteração de sensibilidade e de força acontecem em virtude da desmielinização – perda/diminuição da bainha de mielina – progressiva.

As sinapses são as junções entre os neurônios e podem ocorrer entre diferentes partes da célula, como:

- entre o axônio do primeiro neurônio e o dendrito do segundo neurônio;
- entre o axônio do primeiro neurônio e o axônio do segundo neurônio;
- entre o axônio do primeiro neurônio e o corpo do segundo neurônio;
- entre o dendrito do primeiro neurônio e o dendrito do segundo neurônio.

2.2.2 Neuróglias

As **neuróglias**, ou **células da glia** (Figura 2.14) são células de sustentação e de nutrição, em média, cinco vezes mais numerosas do que os neurônios (Van De Graaff, 2013), cujos tipos mais comuns são os astrócitos, as células de Schwann e os oligodendrócitos.

Figura 2.14 – Células da glia: células de Schwann, oligodendrócitos e astrócitos

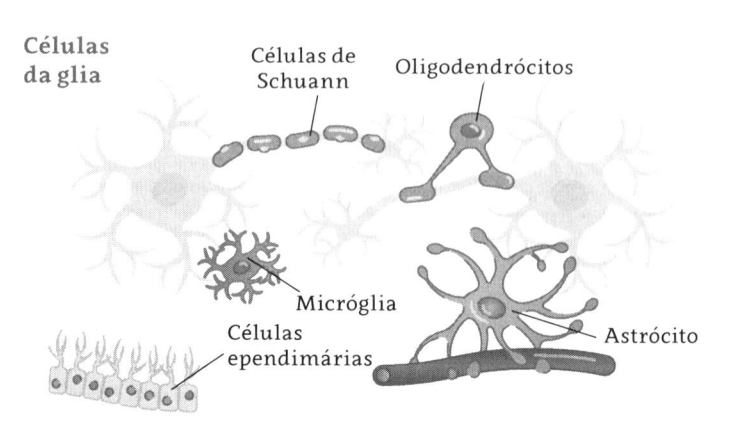

VectorMine/Shutterstock

Os **astrócitos** mantêm o ambiente extracelular em condições adequadas para os neurônios. Dentre as células da glia, os astrócitos envolvem as sinapses e os vasos sanguíneos. (Hirase; Koizumi, 2018).

As **células de Schwann** são responsáveis por formar a camada de mielina que envolve os axônios no SNP, enquanto os **oligodendrócitos** formam a camada de mielina que envolve os axônios no SNC. Como vimos anteriormente, a bainha de mielina é fundamental para a transmissão do impulso entre os neurônios e, nos casos em que ela não existe da forma adequada, os estímulos nervosos são comprometidos e isso, consequentemente, pode gerar repercussão nas vias sensoriais e motoras.

2.3 Vias aferentes

As **vias aferentes** são responsáveis por transmitir as informações do SNP para o SNC. Para que isso ocorra, é necessária a existência dos seguintes elementos: os **receptores**, que captam o estímulo e o convertem em sinal biológico; as **vias sensoriais**, ou seja, as vias aferentes, pelas quais os sinais transitam; e as **áreas sensoriais centrais**, que interpretam os sinais para que o indivíduo possa ter as sensações.

Sabemos que é mais fácil identificar um objeto tocando-o com as mãos do que com os pés. Isso acontece porque temos mais receptores em determinadas áreas, os quais propiciam as seguintes sensações:

- **Tato**: permite a percepção das características do objeto.
- **Epicrítico**: possibilita o discernimento detalhado do objeto.
- **Protopático**: oferece uma noção menos precisa do objeto, com menos detalhes.
- **Propriocepção**: diz respeito à memória motora em relação à posição estática e/ou dinâmica do segmento corporal. Existe a via da propriocepção consciente e a da inconsciente.
- **Termossensibilidade**: como o próprio nome diz, viabiliza a percepção da temperatura do objeto.

- **Nocicepção** – diz respeito à sensação de dor, sem, necessariamente, causar lesão nos tecidos.

Existem diferentes estímulos e cada um deles ativa um receptor, por vias específicas nas vias aferentes. Mas onde percebemos essas sensações? Primeiramente, na pele, tanto a pilosa quanto a glabra[4].

Na Figura 2.15, são mostrados os diferentes tipos de receptores e a sensação pela qual cada um é responsável.

Figura 2.15 – Receptores sensoriais da pele

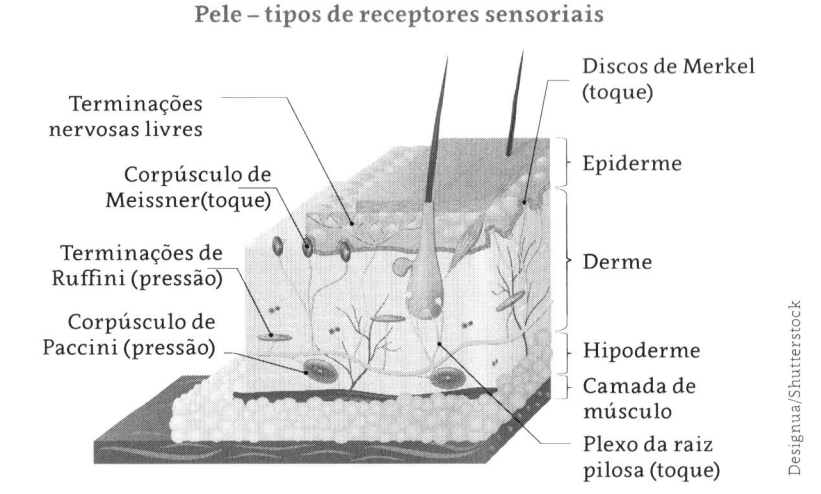

Pele – tipos de receptores sensoriais

Para melhor compreender como funcionam as vias aferentes, na Figura 2.16 estão representadas duas situações distintas. À esquerda, a mão está sendo tocada por um objeto pontiagudo. A dor que sentimos numa situação como essa ocorre porque

---

4   Pele glabra: pele sem pelos.

temos nociceptores, ou seja, receptores de dor na superfície do nosso corpo. Uma vez que ocorre o contato, um estímulo se dirige para a parte posterior da medula, cruza para o lado oposto e sobe em direção ao cérebro; nesse momento percebemos a dor.

A mão da Figura 2.16 também está sendo tocada por uma pena. Quando somos tocados por algo suave, ativamos outro tipo de receptor, agora o de toque leve – os mecanoceptores –, e o estímulo também entra pelo lado posterior da medula, cruza e sobe para o cérebro, porém por uma via diferente da do exemplo anterior.

Dessa forma, os estímulos partem do SNP em direção ao SNC, até chegar ao cérebro.

Figura 2.16 – Via aferente

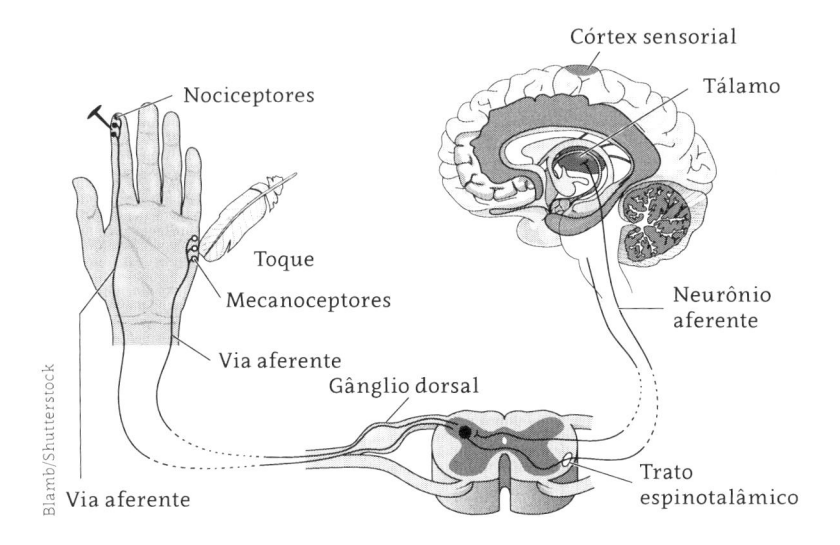

Agora, sabendo que temos diferentes receptores, podemos compreender melhor por que é tão importante possibilitar diversos estímulos, com variados materiais. No caso da pessoa com deficiência física, algumas sensações são perdidas, parcial ou completamente, porém, caso existam vias preservadas, é importante que elas sejam estimuladas.

2.4 Vias eferentes

Nas vias eferentes, o comando parte do córtex cerebral e segue em direção ao músculo, ou grupo muscular, que realiza o movimento (Figura 2.17). Essa via deve estar íntegra para que seja possível realizar o movimento voluntário.

Figura 2.17 – Via eferente

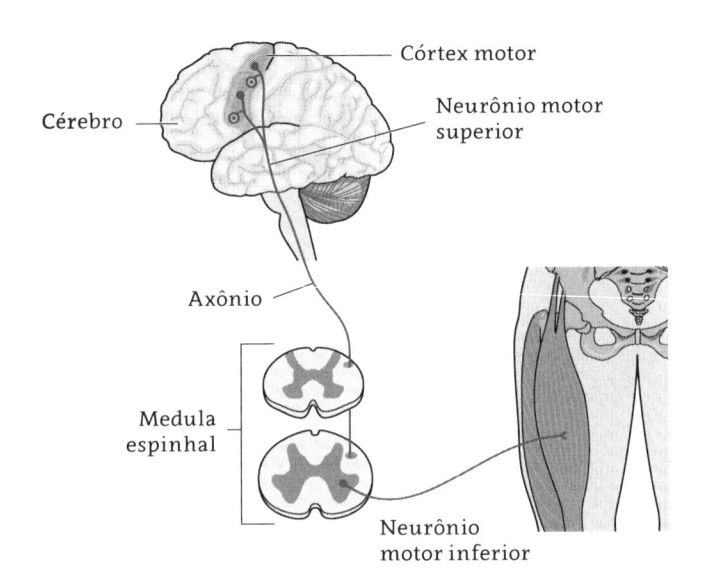

Blamb/Shutterstock

No caso de **lesão medular**, o comprometimento varia em virtude no nível da medula que foi comprometido e se a lesão, no respectivo nível, foi completa ou incompleta. Considerando-se que, muitas vezes, alguns axônios são preservados, atividades que estimulem respostas motoras devem ser incentivadas. Outros aspectos importantes para a continuidade dessas atividades são a plasticidade cerebral (que veremos no Capítulo 3) e a preservação dos componentes da aptidão física para manter um estilo de vida saudável.

No caso da **paralisia cerebral**, a lesão pode acontecer no córtex cerebral, levando a diferentes possibilidades de comprometimento, conforme a área motora afetada. Por exemplo, a lesão no córtex motor leva a diferentes níveis de espasticidade[5]. Quando a lesão ocorre no cerebelo, há um quadro de ataxia[6] e, quando acontecer no nível de tronco encefálico, o indivíduo apresenta atetose[7].

Portanto, os níveis de comprometimento variam bastante, sendo que alguns indivíduos podem apresentar um, dois ou até os três quadros.

É preciso ficar atento para o fato de que, mesmo que não seja possível realizar o movimento de forma voluntária, ainda assim, os movimentos passivos podem trazer benefícios à pessoa com deficiência física. Por isso, é importante que o trabalho seja feito por equipe interdisciplinar, para avaliar as melhores

---

5 Espasticidade: contração exacerbada provocada por lesão em córtex cerebral.

6 Ataxia: alteração na marcha e comprometimento no equilíbrio em virtude de lesão no cerebelo.

7 Atetose: movimentos desordenados provocados por lesão em tronco encefálico.

possibilidades de adaptação de material e garantir que todas as propostas ofereçam segurança para o indivíduo.

E qual a diferença das vias do movimento voluntário (Figura 2.17) em relação às vias do reflexo?

Figura 2.18 – Arco reflexo

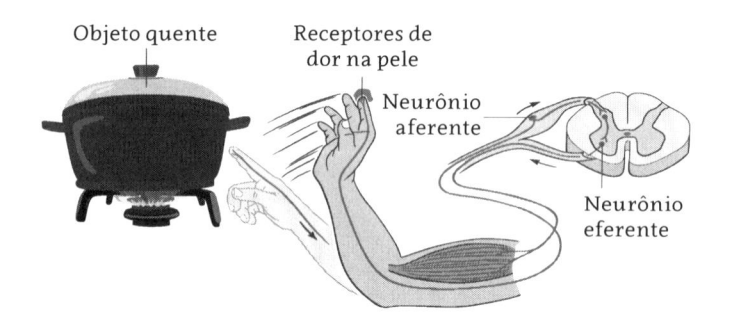

Na representação na Figura 2.18, observamos que, ao encostar o dedo em um objeto quente, a reação ocorre com um movimento muito rápido. Isso acontece porque, nesse caso, o estímulo segue apenas até a medula e volta com a resposta do movimento, sem subir ao cérebro.

Síntese

Vimos, neste capítulo, que a neuroanatomia é a parte da anatomia que estuda o sistema nervoso. Embora seja um conteúdo complexo, ele é base para a compreensão de diversos tipos de comprometimento físico, uma vez que o sistema nervoso é o principal responsável pelo controle das informações que chegam a ele e dele saem.

Apresentamos um esquema do sistema nervoso dividindo-o em central (encéfalo e medula) e periférico (sistema nervoso somático, com as vias aferentes e eferentes, e sistema nervoso autônomo, simpático e parassimpático). Também tratamos dos neurônios e de sua estrutura (corpo celular, dendritos, axônio e terminal sináptico) e funções e das neuróglias (astrócitos, oligodendrócitos e células de Schwann).

Por fim, examinamos as vias aferentes (que chegam ao sistema nervoso central) e as vias eferentes (que levam as informações do sistema nervoso central para o restante do corpo).

Indicações culturais

Filme

UM HOMEM entre gigantes. Direção: Peter Landesman. Estados Unidos; Reino Unido; Austrália: Sony Pictures, 2016. 123 min.

Filme baseado na história real do Dr. Bennet Omalu, neuropatologista forense que descobriu o traumatismo cranioencefálico em um jogador profissional de futebol americano e lutou para que a verdade fosse revelada. Sugerimos que, após assistir ao filme, você reflita sobre o risco de microtraumas de repetição e sobre valores humanos e financeiros

Atividades de autoavaliação

1. A neuroanatomia é a parte da anatomia que trata do sistema nervoso, espécie de controlador e integrador de tudo o que acontece no nosso corpo, tanto para as atividades conscientes quanto para as inconscientes. Qual de suas estruturas, protegida pela calota craniana e com alta taxa metabólica, necessitando continuamente de oxigênio, é formada pelo cérebro, pelo cerebelo e pelo tronco encefálico?
   a) Coração.
   b) Pulmão.
   c) Encéfalo.
   d) Neurônio.
   e) Tronco.

2. A medula espinhal é uma estrutura que vai do forame magno até a vértebra L2, aproximadamente, sempre protegida pela coluna vertebral. Ela apresenta duas dilatações, chamadas de *intumescências*: uma cervical e outra lombar. Esses segmentos são mais dilatados em virtude da presença de maior número de neurônios, de onde partem as raízes nervosas para formar:
   a) o plexo cervical, que irá inervar os músculos dos membros superiores; e o plexo lombar, que irá inervar os músculos dos membros inferiores.
   b) o plexo lombar, que irá inervar os músculos dos membros superiores; e o plexo cervical, que irá inervar os músculos dos membros inferiores.

c) o plexo cervical, que irá constituir os nervos cranianos, responsáveis pelos movimentos dos músculos da face; e o plexo lombar, responsável pelos movimentos da pelve.

d) o plexo cervical, do qual iniciam os ramos do sistema simpático responsável pelas terminações nervosas dos membros superiores; e o plexo lombar, no qual terminam os ramos do sistema simpático, responsável pelas terminações nervosas dos membros inferiores.

e) o plexo lombar, no qual iniciam os ramos dos sistemas simpático e parassimpático, responsáveis pelas terminações nervosas dos membros inferiores; e o plexo lombar, no qual terminam os ramos dos sistemas simpático e parassimpático, responsáveis pelas terminações nervosas dos membros superiores.

3. Como são denominadas as células estruturais e funcionais do sistema nervoso, que podem ser divididas em três partes principais: corpo, dendritos e axônio?

a) Músculos.

b) Ossos.

c) Receptores de dor.

d) Neurônios.

e) Linfócitos.

4. As células de Schwann são responsáveis por formar uma importante camada que envolve os axônios no sistema nervoso periférico, e os oligodendrócitos são responsáveis por formar a camada que envolve os axônios no sistema nervoso central. Qual o nome que se dá a essa camada?

    a) Glia.
    b) Bainha de mielina.
    c) Bainha de glia.
    d) Neuroglia.
    e) Intumescência.

5. Assinale a alternativa que indica, respectivamente, o nome das vias responsáveis por conduzir as informações do sistema nervoso periférico para o sistema nervoso central e as vias responsáveis por conduzir as informações deste para aquele:

    a) Aferentes e eferentes.
    b) Eferentes e aferentes.
    c) Sensoriais e dorsais.
    d) Sensoriais e ventrais.
    e) Eferentes e ventrais.

Atividades de aprendizagem

Questões para reflexão

1. Descreva, sucintamente, as vias aferentes e as vias eferentes do sistema nervoso.

2. Considere o caso de um aluno com paralisia cerebral e explique a possível repercussão funcional em caso de lesão do córtex cerebral. Pesquise se esse tipo de comprometimento é comum em pessoas com paralisia cerebral.

Atividade aplicada: prática

1. Comentamos, neste capítulo, que temos diferentes receptores na pele. Que tal testá-los e ainda se divertir com os amigos? Você vai precisar de dois pincéis atômicos de cores diferentes e uma venda para os olhos.

   Vende os olhos de um colega, que deve estar sentado, com o antebraço apoiado em uma mesa e com a palma da mão voltada para cima (antebraço supinado). Você vai encostar com o pincel atômico em determinado ponto, tirar e, depois, pedir para que ele faça um sinal no mesmo local. Como vocês terão pincéis com cores diferentes, será fácil verificar se as marcações são coincidentes. Faça no lado direito e depois, no esquerdo, cinco pontos. Você vai se surpreender com o resultado.

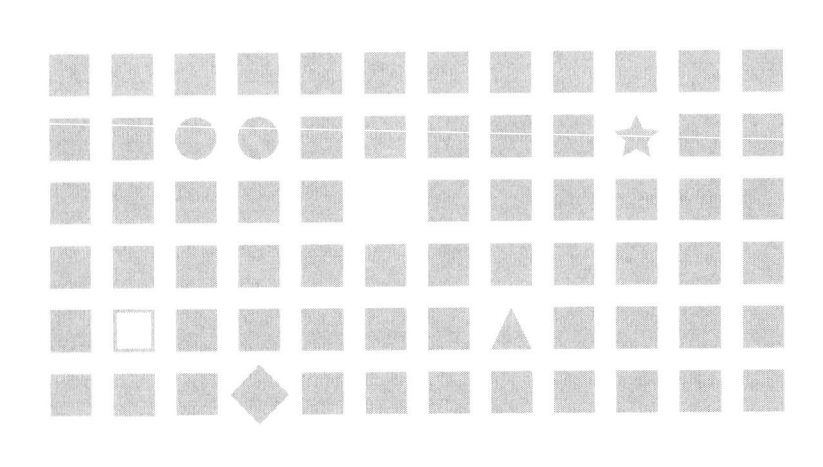

Capítulo 3

Desenvolvimento motor e plasticidade cerebral

Neste capítulo, abordaremos as quatro fases do desenvolvimento motor de um indivíduo: fase motora reflexiva, fase dos movimentos rudimentares, fase do movimento fundamental e fase do movimento especializado.

Comentaremos as características de cada uma e, na sequência, faremos referência às possibilidades para a pessoa com deficiência física.

Também trataremos da plasticidade cerebral, assunto essencial para profissionais das áreas da educação e da saúde, bem como descrições dos padrões ditos "normais", estabelecendo a relação com as adequações – ou reflexões – necessárias quando discutimos a melhor forma de trabalhar com o indivíduo com deficiência física.

3.1 Desenvolvimento do sistema nervoso humano e desenvolvimento motor

É sabido que o desenvolvimento motor não acontece exatamente da mesma forma para todos. Conforme Gallahue, Ozmun e Goodway (2013), mudanças ocorrem ao longo do desenvolvimento motor e, durante a vida, todos estamos em um constante processo de aprendizado em resposta às influências do meio e às constantes adaptações.

A Figura 3.1 ilustra o modelo de ampulheta de Gallahue em que é possível observar as fases do desenvolvimento.

Figura 3.1 – Fases e estágios do desenvolvimento motor

Fonte: Gallahue; Ozmun; Goodway, 2013, p. 69.

Com relação às pessoas com deficiência física, é preciso ficar atento a cada fase, pois, para qualquer tipo de comprometimento, haverá alguma especificidade. Por isso, devemos focar sempre nas possibilidades (funcionais, sensoriais), em vez de nas limitações. Conhecer cada caso é importante, assim como as repercussões funcionais e sensoriais para cada tipo de comprometimento, além de conversar com os profissionais envolvidos e valorizar a equipe interdisciplinar. Cada detalhe e cada informação poderá contribuir na busca de atividades adequadas para cada faixa etária, conforme o tipo de adequação que seja necessária. Assim, o profissional deve criar meios e atividades para que todos os seus alunos explorem seus potenciais para um aprendizado rico e diversificado.

Na Figura 3.2, vemos o modelo da ampulheta de Gallahue, e conhece a relação das fases de desenvolvimento motor com o ambiente e aspectos hereditários. Lembre-se de que, em relação à pessoa com deficiência física, algumas adequações poderão ser necessárias, conforme o tipo de comprometimento, para melhor experiência e troca com o meio.

Figura 3.2 – Ampulheta triangulada de Gallahue

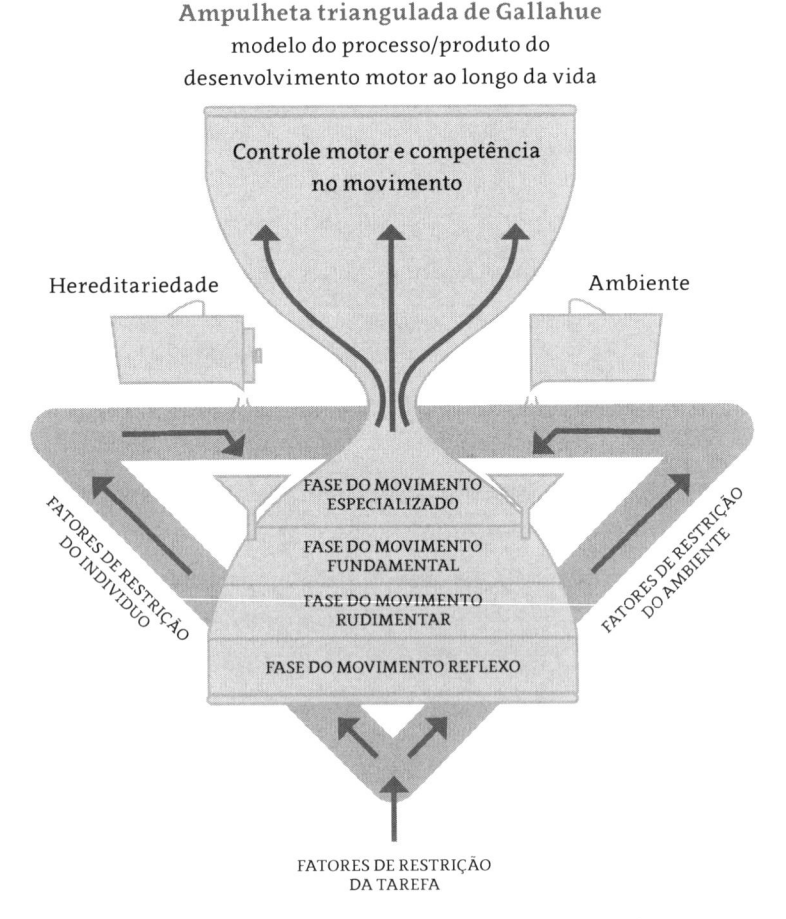

Fonte: Gallahue; Ozmun; Goodway, 2013, p. 76.

3.1.1 Fase dos movimentos reflexos

A fase motora reflexiva acontece desde a vida intrauterina até os 4 meses de vida. As atividades, nessa fase, são reflexivas, ainda não acontecem no nível de córtex motor. Reflexos são movimentos involuntários cujas vias transitam até a medula espinhal. À medida que acontece o amadurecimento do sistema nervoso central (SNC), alguns reflexos vão sendo inibidos (Romanholo et al., 2014).

Apesar de involuntários, esses movimentos permitem ao bebê a experiência de diferentes sensações, desempenhando importante papel para o desenvolvimento motor, que se aprimora à medida que acontece o amadurecimento do SNC.

Podemos distinguir dois tipos de reflexo:

1. **Reflexos primitivos**: são os relacionados à alimentação e às respostas protetoras, por exemplo, o reflexo de sugar.
2. **Reflexos posturais**: à medida que o bebê movimenta a cabeça/pescoço – juntamente com o desenvolvimento do SNC, que ocorre no sentido craniocaudal e medial para distal –, são preparadas as estruturas osteomioarticulares[1] para, no futuro, formar as curvas secundárias da coluna vertebral.

Na Figura 3.3, podemos observar as curvas da coluna vertebral: a cifose é a curva primária da coluna vertebral e a lordose é curva secundária.

---

[1]   Osteomioarticulares: que envolve ossos, músculos e articulações.

Figura 3.3 – Curvas da coluna vertebral

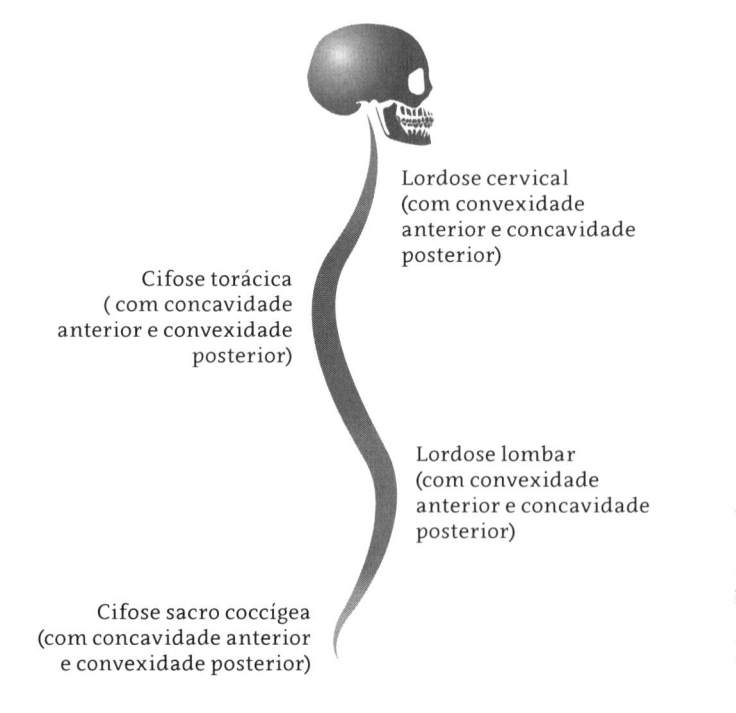

Lordose cervical
(com convexidade
anterior e concavidade
posterior)

Cifose torácica
(com concavidade
anterior e convexidade
posterior)

Lordose lombar
(com convexidade
anterior e concavidade
posterior)

Cifose sacro coccígea
(com concavidade anterior
e convexidade posterior)

Oxi gen/Shutterstock

A Figura 3.4 mostra uma sequência de posições que o bebê pode conseguir fazer ainda nessa fase e no início da próxima.

Figura 3.4 – Movimentos da fase reflexiva e do início da fase rudimentar

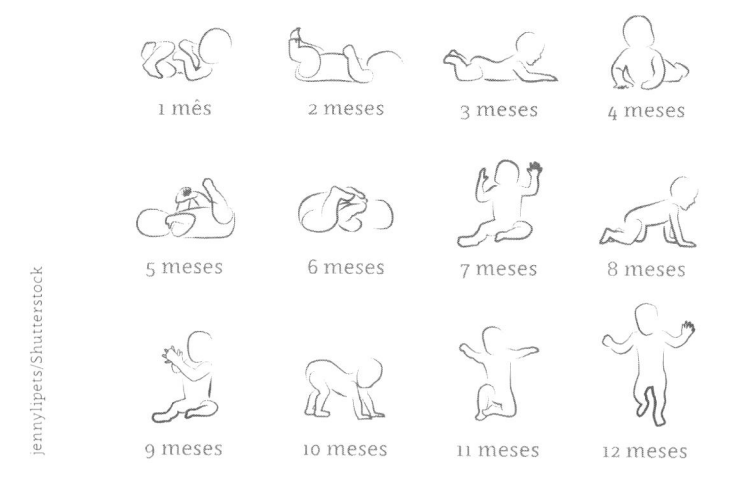

1 mês 2 meses 3 meses 4 meses

5 meses 6 meses 7 meses 8 meses

9 meses 10 meses 11 meses 12 meses

Ao trabalhar com pessoas com deficiência física, algumas perguntas surgem constantemente: "E se...?", "O que podemos fazer?". Como alguns indivíduos não conseguem realizar todos os movimentos referentes a essa fase, ainda podem ocorrer questões como: E se o aluno tiver alteração da sensibilidade? E se o aluno não conseguir fazer a preensão? E se o aluno não tiver controle de tronco? E se o aluno não tiver movimentos em membros inferiores?

São muitos "E se...", mas as respostas serão as mesmas para todos:

- Podemos propiciar atividades com objetos de diferentes formas, tamanhos e texturas para estimular a sensibilidade do aluno.

- Podemos discutir com outros profissionais e/ou pesquisar sobre tecnologias assistivas que contribuam para a apreensão o apoio e a estabilidade dos segmentos corporais.

3.1.2 Fase dos movimentos rudimentares

Os movimentos rudimentares aparecem à medida que acontece o amadurecimento do SNC. Nessa fase, o bebê realiza movimentos como alcançar, pegar, soltar e deslocar-se, arrastando-se e engatinhando até conseguir deambular (Romanholo et al., 2014)

Nessa fase, primeiramente, acontece a inibição de reflexos, conforme o desenvolvimento do córtex e iniciam-se os movimentos voluntários.

Depois, ocorre o **estágio de pré-controle**, quando a criança pode ter mais controle para manipular os objetos e equilíbrio melhor para o deslocamento.

Com relação ao indivíduo com deficiência física, são necessárias adaptações específicas, embora cada tipo de comprometimento exija uma adequação própria. A criatividade e o comprometimento da equipe interdisciplinar podem tornar possíveis experiências importantes para o desenvolvimento motor da pessoa com deficiência física.

A Figura 3.5 retrata uma criança cadeirante em uma atividade de lançar, com um taco, uma bola aparentemente leve e maior do que o convencional. Podem ser necessárias adaptações para que o aluno consiga segurar o taco, por isso o trabalho interdisciplinar é muito importante a fim que os profissionais observem e discutam a melhor solução para cada situação.

Figura 3.5 – Criança cadeirante em uma atividade de lançar uma bola com um taco

Alguns alunos não conseguirão realizar todos os movimentos propostos para essa fase, portanto cabe aos profissionais criar possibilidades de adequações para que a criança, com a estrutura adequada, usufrua de experiências que enriqueçam seu acervo motor.

Fique atento: Quando observamos uma criança com deficiência física, o aspecto motor pode não corresponder ao da faixa etária, como no caso de crianças que apresentam o desenvolvimento motor dentro dos padrões ditos *normais*.

3.1.3 Fase dos movimentos fundamentais

A fase dos movimentos fundamentais apresenta os seguintes estágios: inicial, elementar e maduro. Alguns movimentos que acontecem nessa fase são o deslocamento mais seguro, permitindo a corrida, o lançamento e a captura de objetos (Gallahue; Ozmun; Goodway, 2013).

No **estágio inicial**, "o movimento, em si, é caracterizado por elementos que faltam ou que são – de forma imprópria – marcadamente sequenciados e restritos, pelo uso exagerado do corpo e por fluxo rítmico e coordenação deficientes" (Romanholo et al., 2014, p. 318).

Embora os movimentos, no **estágio elementar**, tendam a ser melhores do que no estágio inicial, com mais coordenação e noção espacial, ainda se apresentam além ou aquém dos padrões normais. É importante ressaltar que muitos indivíduos, mesmo adultos, não avançam além desse estágio.

O **estágio maduro** é caracterizado por movimentos coordenados e estáveis, que, além de serem possíveis em virtude do amadurecimento do SNC, também são resultado das experiências anteriores.

Um ponto fundamental é que o profissional que esteja próximo à pessoa com deficiência física tenha segurança para poder oferecer a ela uma diversidade de possibilidades. Vejamos, na Figura 3.6, duas crianças cadeirantes lançando uma bola.

Figura 3.6 – Crianças lançando bola

Prazis Images/Shutterstock

Observando a Figura 3.6, o profissional pode se questionar: O aluno cadeirante pode fazer apenas atividades na cadeira?

O profissional só terá essa resposta se investigar e buscar conhecer cada caso em detalhes, principalmente no que diz respeito às possibilidades e aos cuidados. Por exemplo, um indivíduo com lesão medular pode ter dificuldade ou impossibilidade para controlar o tronco, necessitando, assim, de apoio. Ainda, caso tenha paralisia flácida, é contraindicado que sente diretamente no chão (risco de úlcera de pressão), necessitando de superfície adequada para que possa se acomodar.

Vale lembrar: a diversidade de atividades e de oportunidades para todos é um direito, mas a segurança deve ser prioridade.

Na Figura 3.7, temos a imagem de uma criança com amputação bilateral de membros inferiores. As possibilidades funcionais estarão diretamente ligadas ao nível da amputação e aos recursos que a criança utiliza, como próteses. Por isso, é importante conversar com um profissional especialista em avaliação funcional para discutir cada caso, como os movimentos mais adequados/indicados e os que devem ser evitados.

Figura 3.7 – Criança com prótese em ambos os membros inferiores

Na imagem, vemos que a amputação apresentada é transfemoral bilateral: nesse caso, a ausência das articulações do joelho provoca compensações para deambular e/ou correr. Porém, conforme comentamos anteriormente, essas compensações terão maior ou menor impacto conforme a qualidade das próteses e a adequação de atividades/movimentos adequados para cada caso.

3.1.4 Fase dos movimentos especializados

A fase dos movimentos especializados ocorre quando o indivíduo começa a apresentar movimentos mais precisos e controlados, resultados das experiências anteriores.

Embora algumas pessoas, mesmo dentro do padrão de "normalidade", não cheguem a essa fase de desenvolvimento, indivíduos com deficiência física chegam. Se alguém duvidar de quão especializado pode ser o movimento de uma pessoa com deficiência física, basta assistir aos jogos paralímpicos.

Figura 3.8 – Aluno com prótese treinando em uma pista de atletismo

Quanto mais treino, condições melhores e oportunidades, mais especializados serão os movimentos, cada um dentro de suas possibilidades.

3.2 Plasticidade cerebral

A plasticidade cerebral é um tema cada vez mais discutido, pois, por muito tempo, acreditou-se que não havia possibilidade de recuperação de células do SNC após um dano. Porém,

> A plasticidade neural está presente em todas as etapas da ontogenia, inclusive na fase adulta e durante o envelhecimento. a capacidade de modificação do sistema nervoso em função de suas experiências, tanto em indivíduos jovens

como em adultos, foi reconhecida apenas nas últimas décadas (ROSENZWEIG, 1996). Dessa forma, o sistema nervoso é passível de alterações limitadas induzidas pelos estímulos naturais (NOBACK *et al.*,1999). (Oda; Sant'Ana; Carvalho, 2002, p. 171)

Segundo Noback et al. (1999, citados por Oda, Sant'Ana; Carvalho, 2002), o corpo do neurônio é uma estrutura mais estável, enquanto as conexões sinápticas sofrem modificações durante toda a vida. Dessa forma, os autores caracterizam a plasticidade cerebral "como a capacidade das conexões sinápticas de um neurônio serem substituídas, aumentadas ou diminuídas em quantidade e de modificarem a atividade funcional, provavelmente influenciada por fatores químicos liberados pelas células alvo" (Noback et al.,1999, citados por Oda; Sant'Ana; Carvalho, 2002, p. 171). Ou seja, é a possibilidade de novas conexões após um dano na estrutura neuronal.

Considerando-se a constante organização das células nervosas ao longo da vida do indivíduo, o mesmo acontece com as pessoas com deficiência, "elas devem então reorganizar seus sistemas de controle neurais para a retomada de tarefas perdidas ou aprendizado de outras desejadas" (Schirmer et al., 2007).

A ciência vem mostrando que é importante que o aluno consiga fazer relação das atividades com os conteúdos aprendidos e com experiências anteriores, dentro e fora da escola. O "fazer por fazer" não traz os mesmos benefícios que uma atividade bem-elaborada, com a qual exista o comprometimento e o interesse pelo aprendizado da criança.

Portanto, é importante que sejam feitas as adequações necessárias, de forma que todos os indivíduos tenham a oportunidade de vivenciar diferentes atividades, aprender e evoluir.

Síntese

Neste capítulo, apresentamos um tema muito importante, o desenvolvimento motor, atentando para respeitar as peculiaridades e características específicas de cada tipo de comprometimento, sem determinar, precocemente, se a pessoa com deficiência poderá ou não alcançar níveis mais especializados.

Vimos que diferentes tipos de comprometimento podem impactar a fase motora reflexiva e, principalmente, o tipo de atividade que poderia ser sugerido para promover as melhores experiências respeitando-se as características de cada indivíduo.

Além disso, na fase dos movimentos rudimentares, o foco deve estar nas possibilidades, e não as limitações. A fase do movimento fundamental e a fase do movimento especializado foram abordadas na sequência e, por fim, a plasticidade cerebral, mostrando a possibilidade de recuperação de células do SNC após um dano.

Indicações culturais

Animações

CUERDAS. Direção: Pedro Solis Garcia. Espanha, 2014. 11 min.

> Inspirado nos filhos de seu criador, um deles com paralisia cerebral, esse curta-metragem provoca uma reflexão sobre o amor e a amizade. Sugerimos que você assista e ele para compreender que, quando queremos, as adaptações são possíveis.

ANDY. Deficiente físico. **Histórias da Andy**. 2017. Disponível em: <https://www.youtube.com/watch?v=j-YBapuDXMA >. Acesso em: 4 nov. 2019.

> Nessa animação, uma garota narra as dificuldades pelas quais ela passou como deficiente físico e como ela se sente diante dessa situação.

Atividades de autoavaliação

1. Qual fase do desenvolvimento motor acontece desde a vida intrauterina até os 4 meses de vida, cujas atividades ainda não acontecem no nível do córtex motor?
   a) Rudimentar.
   b) Reflexiva.
   c) De movimentos especializados.
   d) Madura.
   e) Autônoma.

2. Existem ferramentas que podem contribuir para nos orientar em relação aos estágios de desenvolvimento motor em diferentes aspectos. A ampulheta triangulada de Gallahue aponta a relação das fases de desenvolvimento com:
   a) o ambiente e os aspectos hereditários.
   b) os tipos de deficiência.
   c) a altura ideal em cada fase.
   d) os riscos de doenças em cada fase.
   e) a acessibilidade e a tecnologia assistiva.

3. O desenvolvimento motor não acontece exatamente da mesma forma para todos, uma vez que depende de vários fatores, como a influência do meio. Em cada fase, alguns estímulos podem ser realizados, por isso é importante que o profissional esteja preparado e conheça as características de cada fase, podendo, assim, escolher as melhores opções. Na fase dos movimentos rudimentares, o bebê vai realizar os seguintes movimentos:

   a) de deambulação.
   b) especializados.
   c) reflexos.
   d) involuntários.
   e) complexos.

4. Cada fase do desenvolvimento motor apresenta determinadas características e o conhecimento sobre elas (respeitando-se o fato de que não serão idênticas para todos) pode contribuir para que o profissional elabore as atividades conforme a necessidade e as características de cada aluno. Sendo o estágio maduro caracterizado por movimentos coordenados e estáveis, que, além de serem possíveis em virtude do amadurecimento do sistema nervoso central, também são resultado das experiências anteriores, podemos dizer que ele faz parte da fase:

   a) dos movimentos fundamentais.
   b) reflexiva.
   c) dos movimentos especializados.
   d) dos movimentos complexos.
   e) dos 4 aos 8 meses.

5. É na fase dos movimentos especializados que o indivíduo apresenta movimentos mais precisos e controlados, resultados das experiências anteriores. Portanto, é possível afirmar:

a) Uma pessoa com deficiência física consegue realizar movimentos especializados.

b) Uma pessoa com deficiência física não consegue realizar movimentos especializados.

c) Não são necessárias experiências anteriores para conseguir realizar movimentos especializados.

d) Essa é a primeira fase do desenvolvimento motor.

e) Todas as pessoas, com ou sem deficiência, conseguem realizar movimentos especializados.

Atividades de aprendizagem

Questões para reflexão

1. *Estigmatizar* significa fazer julgamentos sobre algo ou sobre alguém, rotular. A estigmatização ocorre quando indivíduos ou grupos de indivíduos são rotulados por apresentarem alguma diferença em relação à maioria. Vamos pensar em um aluno, João, um menino com paralisia cerebral, que vivenciou duas situações distintas:

a) Conheceu a professora X, extremamente comprometida em relação ao aprendizado dos seus alunos, respeitando as diferenças e incentivando que todos façam o melhor possível, pois compreende as diferentes formas para estimular a plasticidade cerebral.

b) João também conheceu a professora Y, que, além de menos atenciosa em sala de aula, não tem nem experiência nem compreensão em relação à inclusão, apenas transmite os conteúdos, sem a preocupação com o aprendizado dos alunos. Para ela, a plasticidade cerebral não existe, cada um deve se esforçar individualmente, tendo o professor apenas a obrigação de transmitir os assuntos preestabelecidos. Ela considerava, inclusive, que João não poderia aprender, pois tem paralisia cerebral.

Observando as duas professoras, com posturas tão distintas, responda: todos os alunos têm condições de aprender, inclusive João? Qual das duas professoras conhece os conceitos de inclusão e de plasticidade cerebral?

2. Descreva, de forma sucinta, o que é plasticidade cerebral.

Atividade aplicada: prática

1. Elabore duas atividades que possam ser realizadas por uma criança sem movimentos nos membros superiores.

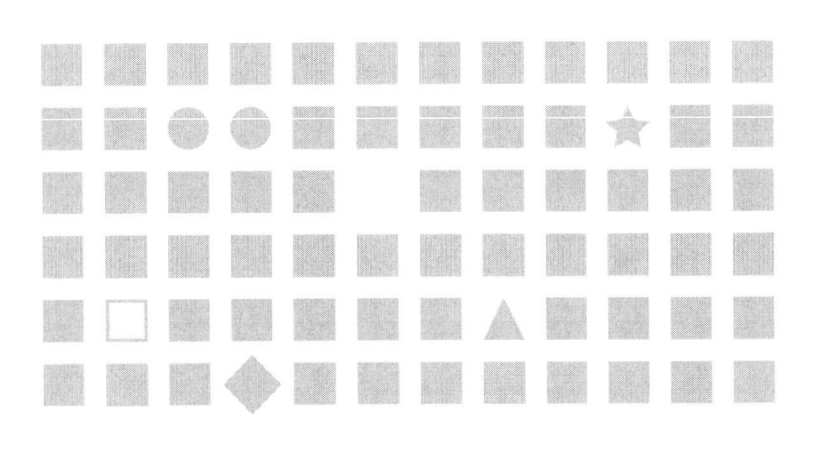

Capítulo 4

Diferentes causas e possíveis comprometimentos funcionais e sensoriais

Considerando os diferentes tipos de comprometimento físico, resultados de causas distintas, é imprescindível que o profissional conheça, ao máximo, os detalhes funcionais e sensoriais em cada um dos casos. Dessa forma, neste capítulo, discutiremos as diferentes causas e os possíveis comprometimentos funcionais e sensoriais, como lesão medular, má-formação congênita, espinha bífida, hidrocefalia, amputações, paralisia cerebral, acidente vascular encefálico (AVE), traumatismo craniano, distrofia muscular e baixa estatura.

Nosso foco é apresentar os principais aspectos e comprometimentos relacionados a cada caso, porém é preciso ficar atento ao fato de que cada aluno tem suas próprias características e é na observação dos detalhes que o profissional conseguirá informações para elaborar muito bem as atividades para atender bem e contemplar as diferenças de forma igualitária.

4.1 Lesão medular

Como vimos no Capítulo 1, a **lesão medular** (LM) é um dano que ocorre na medula espinhal, podendo provocar a diminuição ou a perda da função sensória e/ou da função motora. Ela pode ser completa ou incompleta, dependendo do percentual de comprometimento nervoso nos diferentes níveis da coluna vertebral.

> Estas alterações se manifestarão principalmente como paralisia ou paresia dos membros, alteração de tônus muscular, alteração dos reflexos superficiais e profundos, alteração ou perda das diferentes sensibilidades (tátil, dolorosa, de pressão,

vibratória e proprioceptiva), perda de controle esfincteriano, disfunção sexual e alterações autonômicas como vasoplegia, alteração de sudorese, controle de temperatura corporal entre outras. (Brasil, 2015a, p. 9).

É grande o número de pessoas acometidas por CM no mundo, sendo estimados, aproximadamente, 15 a 40 novos casos para cada milhão de habitantes. No Brasil, a principal causa é o trauma e estima-se que ocorram 40 novos casos por ano a cada milhão de habitantes, sendo 80% em homens jovens (Brasil, 2015a).

O número de crianças acometidas representa menos do que 10% do total de casos nos Estados Unidos, segundo Dhillon et al. (2017). Os autores apontam que o nível mais comum em crianças é o cervical, cujas consequências podem ser déficits neurológicos e necessidade de tratamento interdisciplinar por um longo período

Embora existam diversos instrumentos para a avaliação e o tratamento de LM em adultos, ainda são poucos os trabalhos validados e padronizados no que diz respeito ao tratamento e às recomendações para as crianças (Carrol et al., 2017). Um grupo de especialistas fez uma revisão das orientações já existentes e sugeriu adequações específicas para crianças, com referência ao tratamento da dor e à qualidade de vida, com a participação delas em atividades. Foi proposto que mais estudos e materiais são necessários, especificamente, em relação às ações na escola e às orientações para os cuidadores/pais e jovens; enfim, é preciso um olhar voltado para as necessidades específicas da criança e do jovem (Carrol et al., 2017).

Aspectos sensoriais e motores da lesão medular podem ser avaliados por meio do protocolo ISNCSCI (*International Standards for Neurological Classification of Spinal Cord Injury –* padrão internacionais para classificação neurológica da lesão medular) da American Spinal Injury Association (Asia, 2019).

Os testes podem ser realizados por profissional habilitado, como médicos e fisioterapeutas. O trabalho interdisciplinar é imprescindível, uma vez que os resultados dos testes podem contribuir para a elaboração de tarefas no dia a dia do aluno, com mais precisão e segurança.

Por meio do protocolo Asia, são feitos testes de força para membros inferiores e superiores, que pontuam de 0 a 5. Vejamos essa pontuação no Quadro 4.1:

Quadro 4.1 – Testes de força para membros inferiores e superiores

0	Sem contração.
1	Com contração; sem movimento.
2	Com contração; com movimento; sem vencer a gravidade.
3	Com contração; com movimento; vencendo a gravidade.
4	Com contração; com movimento; vencendo a gravidade e com resistência moderada.
5	Com contração; com movimento; vencendo a gravidade e com resistência.
NT	Não testável - em virtude de quadro doloroso, por exemplo.

Fonte: Elaborado com base em Asia, 2019.

Cada nível da medula espinhal é responsável pela inervação de determinados músculos. O comprometimento de qualquer um desses níveis poderá impactar os movimentos voluntários, dependendo dos grupos musculares inervados no determinado segmento e se a lesão é completa ou incompleta. Para melhor compreensão, o Quadro 4.2 apresenta alguns exemplos do segmento e do movimento comprometido, conforme o respectivo nível da lesão medular

Quadro 4.2 – Exemplos de movimento comprometidos na lesão medular em alguns níveis

C5	**Cotovelo** - flexão
C6	**Punho** – extensão
C7	**Cotovelo** – flexão
C8	**Segundo ao quinto dedos da mão** (ou quirodáctilos) – flexão articulação metacarpofalangeana (MCF)
T1	Abdução do dedo mínimo (ou quinto quirodáctilo)
L2	**Quadril** – flexão
L3	**Joelho** – extensão
L4	**Tornozelo** – dorsiflexão
L5	**Primeiro pododáctilo** – extensão
S1	**Tornozelo** - plantiflexão

Na Figura 4.1, observamos os segmentos cervical, torácico, lombar e sacrococcígeo da coluna vertebral. Cada um desses níveis inerva um ou mais músculos. Dessa forma, é possível averiguar o nível de comprometimento de determinado segmento da medula com a realização dos testes de força muscular descritos anteriormente.

Figura 4.1 – Segmentos da coluna vertebral/medula espinhal

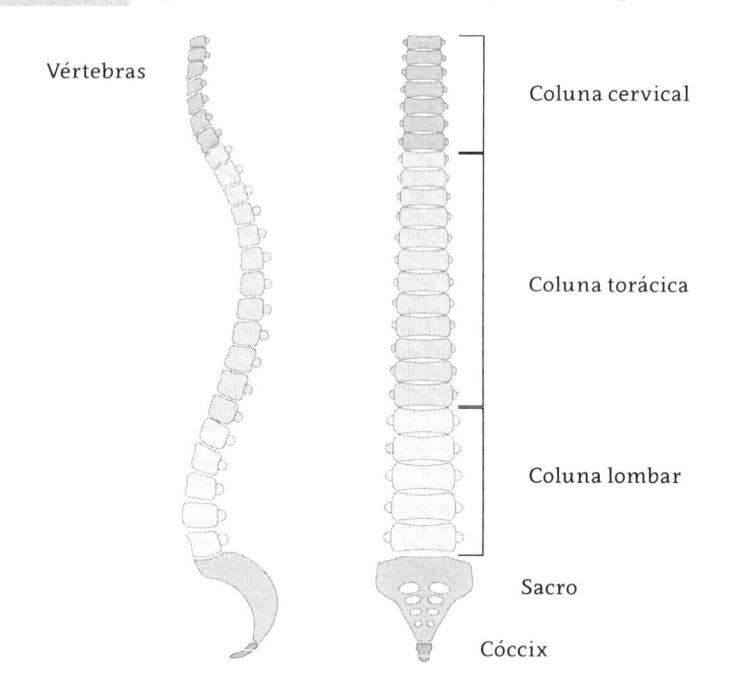

Graduada de 0 a 2, a sensibilidade pode ser avaliada quanto ao toque leve e à picada (Asia, 2019), conforme o Quadro 4.3.

Quadro 4.3 – Testes sensibilidade: toque leve e picada

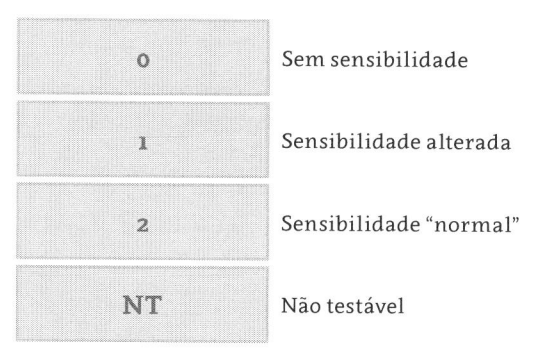

0	Sem sensibilidade
1	Sensibilidade alterada
2	Sensibilidade "normal"
NT	Não testável

Fonte: Elaborado com base em Asia, 2019.

Da mesma forma, podem ser considerados outros parâmetros como sensibilidade para pressão profunda e temperatura (quente/frio). Mapear as alterações de sensibilidade pode ser um importante passo para adequar materiais e atividades.

A força muscular também pode ser testada utilizando-se os testes de Hislop e Montgomery (2008), para a maioria dos movimentos de membros superiores, inferiores e tronco.

Outro modelo de classificação mundialmente conhecido, recomendado pela Organização Mundial de Saúde (OMS), é a CIF (Classificação Internacional de Funcionalidade, Incapacidade e Saúde – *International Classification of Functioning, Disability and Health, ICF*) (WHO, 2001). Além de ser internacionalmente reconhecida, "é uma classificação dos domínios relacionados à saúde. Como o funcionamento e a incapacidade de um indivíduo ocorrem em um contexto, a CIF também inclui uma lista de fatores ambientais" (WHO, 2001, tradução nossa).

Os testes clínicos e manuais são padronizados, propiciando um bom resultado, porém alguns pesquisadores, como Wrigley,

Siddall e Gustin (2018), buscando resultados mais precisos em relação à identificação do nível de lesão medular, utilizaram a ressonância magnética funcional em seus estudos. Os pesquisadores relataram que o método detecta detalhes que os testes clínicos não conseguem identificar e perceberam alta prevalência de lesões sensoriais incompletas em casos cujo diagnóstico era de lesão completa, o que reforçou a ideia inicial de que novos recursos são necessários para que os exames ofereçam resultados cada vez mais minuciosos.

4.2 Má-formação congênita, espinha bífida e hidrocefalia

Como abordamos no Capítulo 1, a **má-formação congênita** é um comprometimento que acontece antes do nascimento e pode ser causada por fatores genéticos ou ambientais, como falhas de morfogênese, infecções, anormalidades cromossômicas e outros. Uma má-formação congênita de um membro é chamada de *dismelia*. (Mavrogenis et al., 2018).

As má-formações congênitas são classificadas de acordo com a posição e a orientação dos segmentos ausentes ou com alteração na formação. Assim, podem ser transversais ou longitudinais, como mostram as Figuras 4.2 e 4.3.

Figura 4.2 – Má-formação congênita transversal

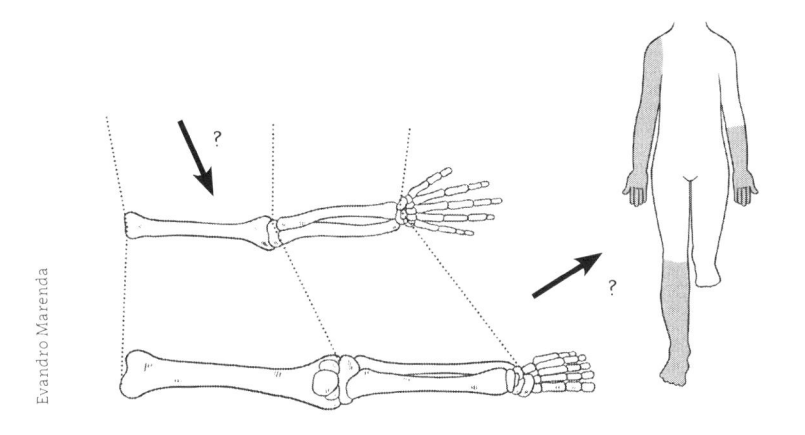

Figura 4.3 – Má-formação congênita longitudinal

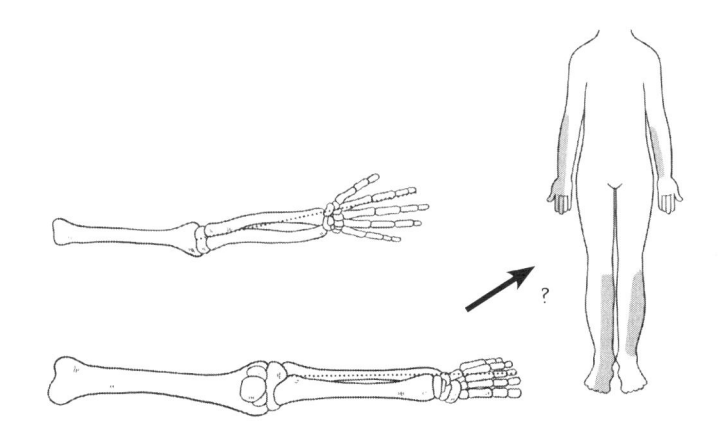

Tao et al. (2017) investigaram os estágios de desenvolvimento dos membros comparando o modelo padrão com as alterações genéticas.

A força muscular também pode ser testada utilizando-se os testes de Hislop e Montgomery (2008) e a CIF para a classificação de funcionalidade da pessoa com má-formação congênita.

A **espinha bífida** (SB), como abordamos no Capítulo 1, é uma má-formação congênita que resulta em uma falha no fechamento de um segmento da coluna vertebral durante o desenvolvimento embrionário (Stern et al., 2018). Segundo Wagner et al. (2015), a classificação é feita de acordo com o nível medular acometido e pela presença ou ausência de hidrocefalia.

A Figura 4.4 ilustra três diferentes níveis de comprometimento. Na espinha bífida oculta, existe a falha no fechamento da coluna vertebral; na meningocele, além do não fechamento, existe a protrusão da meninge; o caso mais grave é o da mielomeningocele, pois, com o extravasamento de parte da medula espinhal, há um risco maior de comprometimento motor e/ou sensorial.

Figura 4.4 – Espinha bífida oculta, meningocele
e mielomeningocele

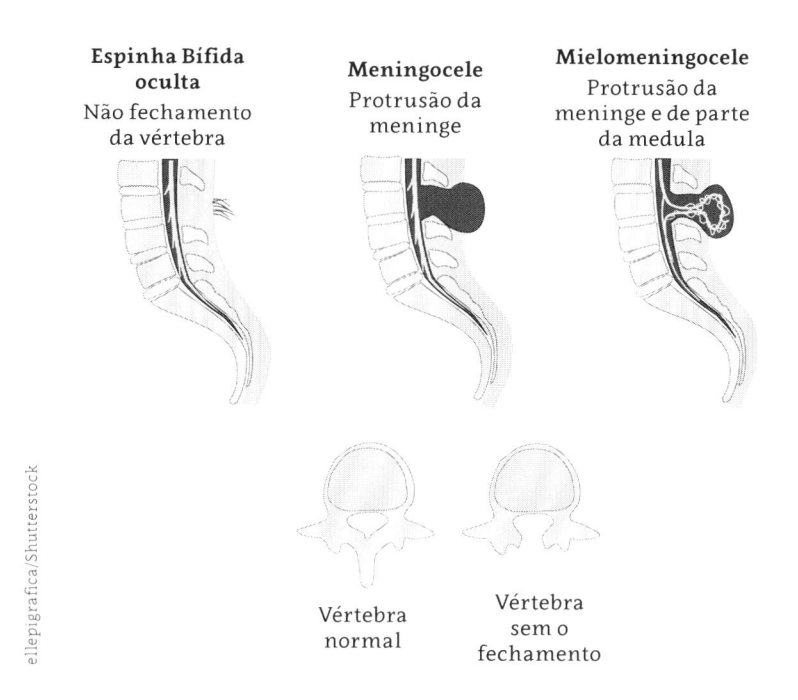

Podem ser realizados os testes de força e de amplitude de movimento, além da CIF, para a classificação da funcionalidade da pessoa com espinha bífida.

Volpe et al. (2017) definem *ventriculomegalia* como a presença de excesso de líquido cefalorraquidiano (LCR), sem o aumento dos ventrículos cerebrais. Já a **hidrocefalia** é uma condição em que o excesso de LCR provoca o aumento do volume dos ventrículos, em virtude de um desequilíbrio entre a produção e a absorção do LCR.

O LCR circula pelos ventrículos cerebrais e pelos espaços subaracnóideos. Para que possa exercer sua função protetora, ele precisa de vias íntegras para circular. Podemos observar, na Figura 4.5, do lado esquerdo, ventrículos normais e, do lado direito, ventrículos aumentados, em função de acúmulo de LCR.

Figura 4.5 – Ventrículo normal e ventrículo aumentado

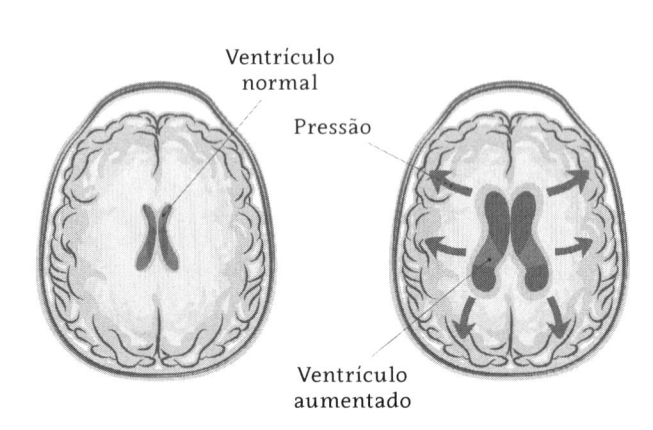

Mas por que esse aumento acontece?

Em alguns casos, como na hidrocefalia, ocorre algum tipo de problema no fluxo do liquor, podendo ser de dois tipos:

1. **Comunicante**: quando há grande produção de LCR e pouca absorção, o que provoca elevação da pressão intracraniana, podendo levar ao aumento ventricular e à dilatação craniana.

2. **Não comunicante**: quando há uma obstrução no fluxo de LCR, que também pode provocar a elevação da pressão intracraniana e levar ao aumento ventricular e à dilatação craniana.

4.3 Amputação

A **amputação**, conforme vimos no Capítulo 1, é a nomenclatura utilizada para condições em que acontece a perda total ou parcial de um segmento corporal. Embora não existam dados precisos sobre o número de casos no Brasil, aproximadamente, 94% das cirurgias de amputação realizadas pelo Sistema Único de Saúde (SUS) em 2011 foram em membros inferiores. As principais etiologias que levam à amputação de membros inferiores estão relacionadas a doenças vasculares e/ou a diabetes. Outra causa de amputação é o trauma, que acontece em maior número no gênero masculino (Brasil, 2013b).

Na Tabela 4.1, estão as causas e o percentual dos procedimentos de amputação realizados pelo SUS em 2011.

Tabela 4.1 – Frequência de procedimentos de amputações no SUS por causa

	Causas	Frequência	%
1	Causas externas	16.294	33,1%
2	Algumas doenças infecciosas e parasitárias	8.808	17,9%
3	Doenças do aparelho circulatório	7.905	16,1%
4	Diabetes	6.672	13,6%
5	Gangrena (não classificada em outra parte)	5.136	10,4%
6	Doenças do sistema osteomuscular e do tecido conjuntivo	2.961	6,0%
7	Neoplasias	957	1,9%
8	Doenças da pele e do tecido subcutâneo	230	0,5%
9	Má-formações congênitas, deformidades e anomalias cromossômicas	202	0,4%
	Total	49.165	100%

Fonte: Brasil, 2013b, p. 8.

Testes de força e de amplitude de movimento e a classificação da funcionalidade podem ser feitos com a utilização da CIF.

4.4 Paralisia cerebral, acidente vascular encefálico e traumatismo craniano

A **paralisia cerebral** (PC) é uma encefalopatia[1] não progressiva que acontece antes do completo desenvolvimento do sistema nervoso central (SNC).

> A paralisia cerebral descreve um grupo de desordens permanentes do desenvolvimento do movimento e postura, atribuído a um distúrbio não progressivo que ocorre durante o desenvolvimento do cérebro fetal ou infantil, podendo contribuir para limitações no perfil de funcionalidade da pessoa. A desordem motora na paralisia cerebral pode ser acompanhada por distúrbios sensoriais, perceptivos, cognitivos, de comunicação e comportamental, por epilepsia e por problemas musculoesqueléticos secundários (ROSENBAUM et al., 2007). Estes distúrbios nem sempre estão presentes, assim como não há correlação direta entre o repertório neuromotor e o repertório cognitivo, podendo ser minimizados com a utilização de tecnologia assistiva adequada à pessoa com paralisia cerebral. (Brasil, 2013c, p. 9).

---

[1] Encefalopatia é uma patologia ou um dano que acontece no encéfalo. Você pode consultar o Capítulo 3 para rever onde fica o encéfalo e as repercussões das lesões na paralisia cerebral.

A pessoa com PC pode ter diferentes níveis de comprometimento físico, sensorial e cognitivo, por isso é importante conhecer bem o indivíduo para poder atendê-lo de forma adequada. Quanto às possibilidades funcionais, o indivíduo pode apresentar desde uma tetraplegia até um comprometimento leve, como uma monoparesia.

Sposito e Riberto (2010) apontam que diferentes condições podem levar à lesão do SNC, causando a *síndrome do neurônio motor superior* (SNMS). Os autores descrevem sinais positivos e negativos, como ilustrado na Figura 4.6, que podem ocorrer na SNMS, sendo que os negativos dizem respeito à falta de características comumente percebidas em indivíduos que se encontram dentro do padrão de normalidade, como fraqueza e paresia. Já os sinais positivos se referem ao aumento de características, como espasticidade, reflexos primitivos, clônus e rigidez, decorrentes da falta de inibição central.

E como isso pode interferir nos aspectos sensoriais e funcionais? Dependendo da proporção desses sinais, pode haver alterações morfológicas, que poderão culminar com deformidades incapacitantes (Sposito; Riberto, 2010).

Figura 4.6 – Diagrama mostrando a patologia
neuro-musculoesquelética na paralisia cerebral

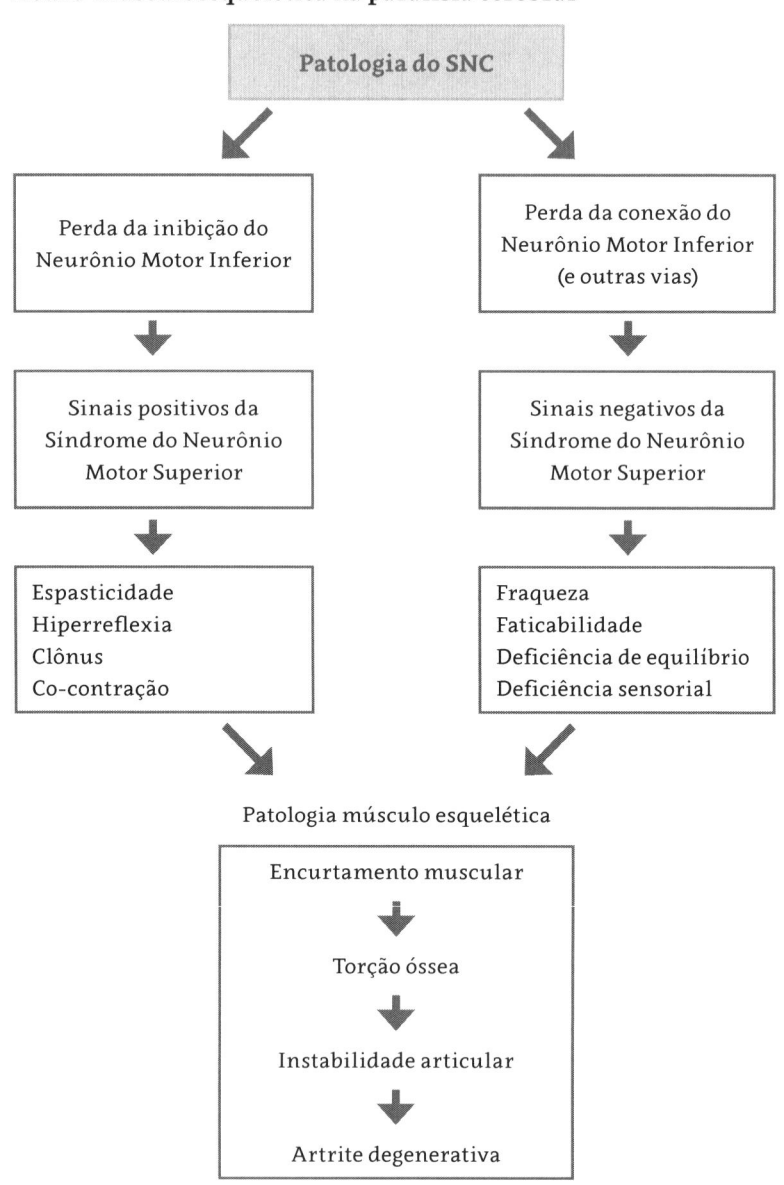

Fonte: Sposito; Riberto, 2010, p 51.

Um dos instrumentos utilizados para avaliar a funcionalidade do indivíduo com PC, em relação a movimentos amplos, é o GMFCS (*Gross Motor Function Classification System*) (Sposito; Riberto, 2010). É um recurso simples, mas depende da experiência do profissional com pessoas com PC para conseguir fazer as observações de forma precisa e adequada.

Estima-se que "As doenças cerebrovasculares estão no segundo lugar no topo de doenças que mais acometem vítimas com óbitos no mundo, perdendo a posição apenas para as doenças cardiovasculares. As pesquisas indicam que esta posição tende a se manter até o ano de 2030" (Brasil, 2013d, p. 4). De acordo com pesquisadores da American Heart Association (Benjamin et al., 2018), estima-se que, até 2030, haverá 3,4 novos casos de **acidente vascular encefálico** (AVE) em indivíduos adultos americanos com idade igual ou acima de 18 anos, o que representa um aumento de 20,5% na prevalência de 2012.

O AVE pode ser do tipo hemorrágico ou isquêmico e pode acontecer em vários níveis de comprometimento, levando a diferentes quadros. Entre os possíveis comprometimentos, estão os de comunicação, de sensibilidade e motor. Neste último, o AVE pode levar a uma hemiplegia ou a uma hemiparesia.

Considerando-se que o nível de comprometimento sensório motor é variável, o indivíduo pode precisar de diferentes tipos de adaptação.

O **traumatismo cranioencefálico** (TCE) tem grande incidência em todo o mundo e pode atingir todas as idades e provocar um importante impacto na vida do indivíduo. O trauma aparece como a principal causa, como mostra a Tabela 4.2. "As lesões traumáticas são a principal causa de morte de pessoas entre 5 e 44 anos no mundo, e correspondem a 10% do total de mortes. Devido à faixa etária acometida, os danos socioeconômicos para a sociedade são enormes" (Brasil, 2015b, p. 9).

Tabela 4.2 – Causas de TCE: número de internações e de óbitos e taxa de mortalidade

Ano 2011	Internações	Óbitos	Taxa de Mortalidade
Pedestre	37.577	1.739	4,63 %
Ciclista	9.291	203	2,18 %
Motociclista	77.171	1.766	2,29 %
Ocupantes de triciclo motorizado	423	16 3,78	3,78 %
Ocupantes de automóvel	17.053	1.812	23,79 %
Acidentes de transporte aquático	1.242	36	2,90 %
Quedas	373.354	7.226	1,94 %
Total	515.211	12.800	2,34 %

Fonte: Brasil, 2015b, p. 11.

A PC é caracterizada por uma encefalopatia que acontece nos primeiros anos de vida, antes do completo amadurecimento do SNC. O AVE e o TCE também acometem o SNC, sendo o primeiro mais comum na idade adulta (mas não limitado a ela) e o segundo pode acontecer em qualquer idade. Ou seja, embora apresentem quadros distintos, o comprometimento funcional pode ser semelhante, pois todos prejudicam as vias sensoriais e/ou motoras.

4.5 Distrofia muscular, baixa estatura e artrogripose

O termo *distrofinopatias* compreende um grupo de doenças cuja etiologia está relacionada a mutações no gene codificador da proteína distrofina (Figura 4.7). Entre os casos, existem a **distrofia muscular de Duchenne** (DMD) e a **distrofia muscular de Becker** (DMB), que acometem meninos, mas as meninas podem ser portadoras. Ambas prejudicam os músculos esqueléticos e cardíacos (Domingos et al., 2017). A evolução da doença afeta vários sistemas, incluindo o respiratório, o cardíaco e o musculoesquelético.

Figura 4.7 – Distrofinas

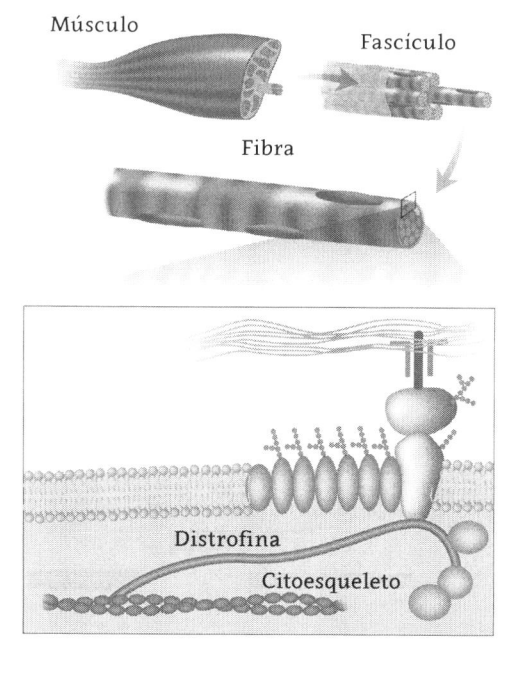

Comparando os quadros de ambas, a DMD tem início mais precoce, com os primeiros sinais de alteração motora aparecendo antes dos 5 anos (mas não limitado a essa idade) e de dificuldade severa ou impossibilidade para a deambulação antes dos 12 anos (mas não limitado a essa), sendo que a alteração vem acompanhada de progressivo comprometimento da função pulmonar.

A DMB, por sua vez, tem início mais tardio, com os primeiros sintomas de alteração motora e posterior dificuldade/impossibilidade de deambulação aparecendo após os 16 anos, além de que o comprometimento dos outros sistemas também é mais lento (Conway et al., 2018). Uma condição característica é a lipossubstituição progressiva, também conhecida como **pseudo-hipertrofia da panturrilha** (Figura 4.8).

Conforme acontece a alteração motora, há a necessidade de assistência para as atividades da vida diária, de acessibilidade e de tecnologia assistiva para que os indivíduos acometidos possam desempenhar as tarefas do cotidiano, o que envolve desde os movimentos necessários para a higiene pessoal e a locomoção até as atividades no ambiente escolar.

Figura 4.8 – À esquerda, sinal de Gowers; à direita, pseudo-hipertrofia dos músculos posteriores da perna

Sinal de Gowers

Pseudo-hipertrofia dos músculos posteriores da perna

O comprometimento provocado pela alteração genética, mais especificamente da distrofina, leva a uma diminuição progressiva da massa muscular. Consequentemente, há diminuição e, em estágios mais avançados, a perda da força muscular. Dessa forma, com menos movimento, ocorre uma redução da amplitude articular, podendo causar encurtamentos severos e deformidades. Por isso, sempre que possível, deve haver o trabalho interdisciplinar para que o indivíduo seja orientado em relação aos movimentos e às posições que poderá fazer durante a reabilitação e, principalmente, fora dela, pois é onde permanecerá a maior parte do tempo.

Figura 4.9 – Distrofia

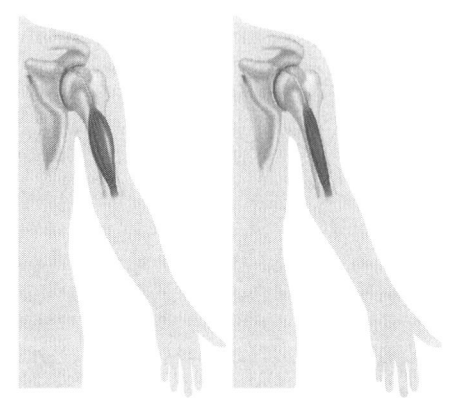

Músculo bíceps
braquial

Músculo bíceps
braquial na
distrofia

Alila Medical Media/Shutterstock

O indivíduo com **baixa estatura**, normalmente, apresenta aspectos motores e sensoriais normais. As adaptações podem ser necessárias, como para qualquer indivíduo, a fim de evitar equipamentos e mobília com tamanhos inadequados e que possam provocar compensações posturais ou dificuldades para a realização das tarefas. Na Tabela 4.3, há exemplos de desordens primárias e secundárias que podem provocar redução na velocidade de crescimento (VC) ou baixa estatura (BE).

Tabela 4.3 – Causas de baixa estatura

1. Falha primária no crescimento

Síndromes clinicamente definidas, incluindo síndrome de Down, Turner, síndrome de Noonan, síndrome de Prader-Willi e Silver-Russell

Pequeno para a idade gestacional com falha no crescimento

Displasia óssea congênita, por exemplo, acondroplasia, hipocondroplasia

2. Distúrbios secundários do crescimento

Causas endócrinas

Deficiência de hormônio do crescimento (GH), congênita ou adquirida (lesões da região hipotalâmica-hipófise, como craniofaringioma ou Trauma cranioencefálico)

Deficiências múltiplas da hipófise

Síndrome de Cushing

Hipotireoidismo

Consequências da puberdade precoce

Outros distúrbios do eixo GH - IGF-I

Deficiência de IGF-I

Deficiência de ALS

Resistência a IGF-I

Distúrbios metabólicos

Diabetes mellitus mal controlado

Distúrbios de lipídios, carboidratos, metabolismo de proteínas, por exemplo, insuficiência crônica renal

Distúrbios nos sistemas orgânicos e distúrbios sistêmicos, por exemplo, cardíacos, pulmonar (fibrose cística), fígado, intestino (síndrome do intestino curto e doença celíaca), renal, anemia crônica, artrite juvenil

Condições psicossociais como privação emocional, anorexia nervosa

Terapia glicocorticóide sistêmica ou local

Tratamento de malignidade infantil, por exemplo, quimioterapia, total irradiação corporal

Fonte: Haymond et al., 2013.

A **artrogripose** representa um "grupo de síndromes heterogêneas que afetam crianças e se caracterizam por contraturas articulares congênitas em duas ou mais articulações" (França Bisneto, 2013, p. 124).

Segundo Valdés-Flores et al. (2016, p 59),

O termo artrogripose deriva das palavras gregas "arthron" e "gryposis" e significa "articulações encurvadas". Vários sinônimos foram usados para descrever essa característica clínica: rigidez articular congênita múltipla, amioplasia congênita, miodistrofia fetal deformante, artro-miodisplasia congênita, contraturas congênitas múltiplas eartrogripose múltipla congênita (AMC).

A causa pode envolver tanto alterações genéticas quanto questões ambientais. Além disso, "A AMC pode estar presente em mais de 150 doenças específicas e essas doenças incluem um grande grupo de doenças miopáticas e neurogênicas, anomalias no tecido conjuntivo e fatores que produzem uma limitação intrauterina do movimento fetal" (Valdés-Flores et al., 2016, p. 60).

A Figura 4.10 ilustra alguns tipos de deformidades provocadas pela AMC e o Gráfico 4.1 mostra os percentuais de membros comumente envolvidos. É preciso atenção em relação ao comprometimento, pois, conforme o local atingido há a necessidade de adaptações específicas: para o ambiente, para os materiais e para as atividades.

Gráfico 4.1 – Percentuais de membros acometidos de AMC

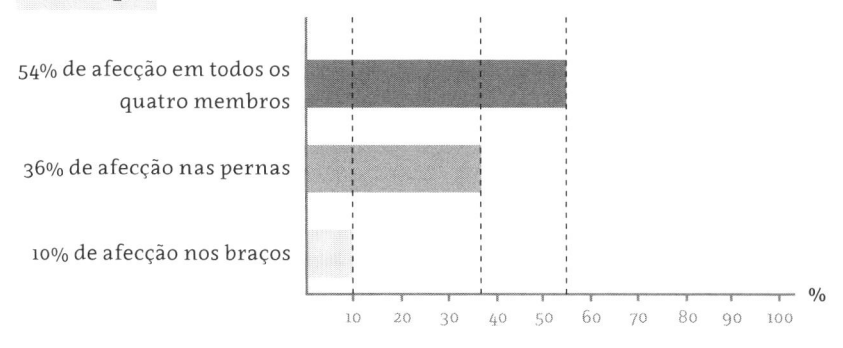

54% de afecção em todos os quatro membros

36% de afecção nas pernas

10% de afecção nos braços

10 20 30 40 50 60 70 80 90 100 %

Fonte: Elaborado com base em Valdés-Flores et al., 2016.

Figura 4.10 – Imagens de segmentos corporais de pessoas com artrogripose

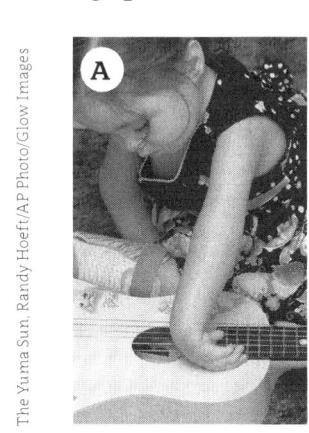
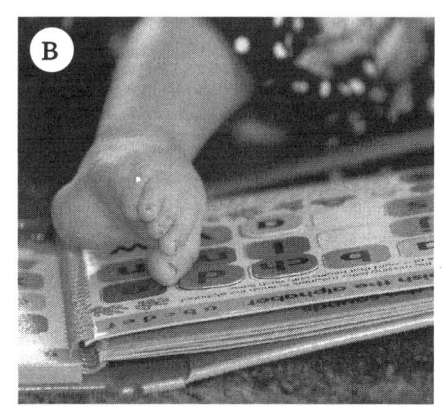

Na Figura, 4.10, você observa características gerais dos pacientes com artrogripose múltipla congênita estudados. Em A, a imagem mostra membros superiores de um paciente afetado: os movimentos de pronossupinação do antebraço não eram possíveis, os punhos e as articulações interfalangeanas

estavam fixados em posição semiflexionada. Em B, a imagem mostra membros inferiores de um paciente com AMC.

Síntese

Neste capítulo, apresentamos os possíveis comprometimentos funcionais e sensoriais de causas como lesão medular, má-formação congênita, espinha bífida, hidrocefalia, amputações, paralisia cerebral, acidente vascular encefálico, traumatismo craniano, distrofia muscular e baixa estatura.

Dessa forma, pudemos observar os principais aspectos e prejuízos relacionados a cada caso. É importante ressaltar que cada aluno tem características próprias e é na observação dos detalhes que o profissional conseguirá informações para elaborar muito bem as atividades para atender aos indivíduos e contemplar as diferenças de forma adequada.

Indicações culturais

Filmes

O QUE te faz mais forte. Direção: David Gordon Green. Estados Unidos: Paris Filmes, 2018. 119 min.

> Esse filme apresenta uma mensagem de coragem e esperança, um exemplo de persistência. No dia a dia dos educadores, essa mensagem os ajuda a manter a dedicação e os conduz em direção a melhores resultados na elaboração e na aplicação de atividades para os alunos.

Atividades de autoavaliação

1. A coluna vertebral constitui uma estrutura que propicia melhor proteção para uma parte do sistema nervoso central, que é a medula espinhal. Assinale a alternativa que indica um dano que ocorre na medula espinhal e pode provocar a diminuição ou a perda da função sensória e/ou motora, seja completa, seja incompleta, dependendo do percentual de comprometimento nervoso nos diferentes níveis da coluna vertebral:
   a) Lesão medular.
   b) Artrogripose.
   c) Espinha bífida.
   d) Má-formação congênita.
   e) Artrose.

2. Conhecer os diferentes tipos de comprometimento físico pode auxiliar na elaboração de atividades e adaptações, conforme cada caso. Assinale a alternativa que apresenta um exemplo de comprometimento físico que acontece antes do nascimento e que pode ter como causa fatores genéticos ou ambientais, como falhas de morfogênese, infecção, anormalidades cromossômicas e outros:
   a) Lesão medular.
   b) Artrogripose.
   c) Espinha bífida.
   d) Má-formação congênita.
   e) Artrose.

3. Os comprometimentos físicos podem ter diferentes causas: doenças e traumas, por exemplo. Assinale a alternativa que indica corretamente a nomenclatura utilizada para condições nas quais acontece a perda total ou parcial de um segmento corporal:
   a) Lesão medular.
   b) Artrogripose.
   c) Espinha bífida.
   d) Amputação.
   e) Artrose.

4. Reconhecer as causas e as possíveis consequências de comprometimentos físicos e motores permite ao profissional trabalhar com mais segurança, além de possibilitar melhores experiências aos alunos. Assinale a alternativa que apresenta um exemplo de encefalopatia não progressiva que acontece antes do completo desenvolvimento do sistema nervoso central:
   a) Lesão medular.
   b) Artrogripose.
   c) Espinha bífida.
   d) Paralisia cerebral.
   e) Artrose.

5. Existem diversos tipos de distrofia muscular, com diferentes velocidades em relação à evolução. Os dois tipos mais comuns de distrofia muscular são:
   a) De Becker e de Duchene.
   b) Espinha bífida e de Becker.
   c) Artrogripose e de Duchene.
   d) Lesão medular e de Becker.
   e) Lesão medular e de Duchene.

Atividades de aprendizagem

Questões para reflexão

1. Você compreendeu que a lesão medular pode ser completa ou incompleta e que o grau de alteração sensorial e/ou motora vai depender do nível em que ela ocorre. Dessa forma, investigue diferentes necessidades de adaptação para uma carteira escolar e opções de escrita para um aluno com paraplegia e para outro com tetraplegia.

2. Investigue quais são as vias do sistema nervoso central envolvidas no caso de uma paralisia cerebral e os respectivos comprometimentos.

Atividade aplicada: prática

1. Elabore duas adaptações para que uma criança sem movimentos em membros superiores possa participar de uma aula de desenho.

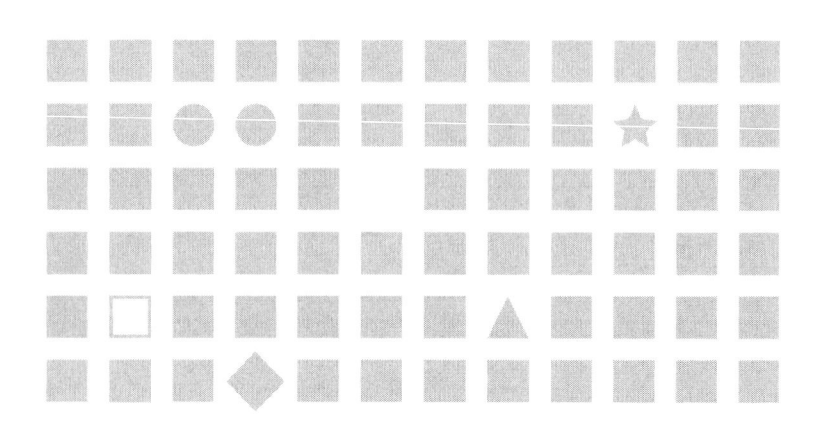

Capítulo 5

Atendimento educacional especializado, acessibilidade e inclusão

O atendimento educacional especializado (AEE) é uma das principais estratégias de acessibilidade no contexto educacional brasileiro e tem por finalidade complementar e/ou suplementar o processo de ensino-aprendizagem dos estudantes com deficiência física a ser desenvolvido na sala comum do ensino regular, auxiliando a minimização de obstáculos que impeçam o processo de aquisição de conhecimentos.

Na perspectiva da inclusão no cenário educacional brasileiro, o trabalho pedagógico acessível e cooperativo entre os professores atuantes no AEE realizado nas salas de recursos multifuncionais oferece condições favoráveis ao desenvolvimento de seus processos de ensino-aprendizagem. Acessibilidade e inclusão andam juntas para uma educação de todos e para todos os estudantes no âmbito educativo, considerando-se o princípio básico de atender e responder às necessidades e às expectativas dos alunos com e sem deficiência.

Assim, veremos, neste capítulo, o entrelaçamento entre AEE, acessibilidade e inclusão.

5.1 Conceito e tipos de acessibilidade

Acessibilidade é a possibilidade de acesso a um lugar. A formulação desse conceito que mais satisfaz é aquela na qual podemos ponderar as acessibilidades por diferentes tipos de oportunidades (Choay, citada por Moraes, 2004)

O conceito de acessibilidade tem a ver com a eliminação de barreiras que restringem ou dificultam, em várias dimensões, a total participação das pessoas com deficiência e também das que não têm deficiência, em muitos aspectos da vida moderna. A acessibilidade é essencial para a inclusão de pessoas com deficiência em diferentes contextos, tais como: comunicacional, arquitetônico e atitudinal, entre outros (Diversa, 2019a).

O termo *acessibilidade* significa qualidade ou caráter do que é acessível, daquilo de que se tem facilidade de aproximação, ou cujo acesso é fácil, do que é sociável e comunicativo e que pode ser facilmente compreendido (IFES, 2014).

O Decreto n. 5.296 de 2 de dezembro de 2004, define, em seu art. 8º, alguns termos importantes para entendermos a acessibilidade (Brasil, 2004a):

> Art. 8º [...]
>
> I – acessibilidade: condição para utilização, com segurança e autonomia, total ou assistida, dos espaços, mobiliários e equipamentos urbanos, das edificações, dos serviços de transporte e dos dispositivos, sistemas e meios de comunicação e informação, por pessoa portadora de deficiência ou com mobilidade reduzida;
>
> II – barreiras: qualquer entrave ou obstáculo que limite ou impeça o acesso, a liberdade de movimento, a circulação com segurança e a possibilidade de as pessoas se comunicarem ou terem acesso à informação, classificadas em:
>
> a) barreiras urbanísticas: as existentes nas vias públicas e nos espaços de uso público;
>
> b) barreiras nas edificações: as existentes no entorno e interior das edificações de uso público e coletivo e no entorno e nas áreas internas de uso comum nas edificações de uso privado multifamiliar;

c) barreiras nos transportes: as existentes nos serviços de transportes; e

d) barreiras nas comunicações e informações: qualquer entrave ou obstáculo que dificulte ou impossibilite a expressão ou o recebimento de mensagens por intermédio dos dispositivos, meios ou sistemas de comunicação, sejam ou não de massa, bem como aqueles que dificultem ou impossibilitem o acesso à informação;

III – elemento da urbanização: qualquer componente das obras de urbanização, tais como os referentes à pavimentação, saneamento, distribuição de energia elétrica, iluminação pública, abastecimento e distribuição de água, paisagismo e os que materializam as indicações do planejamento urbanístico;

IV – mobiliário urbano: o conjunto de objetos existentes nas vias e espaços públicos, superpostos ou adicionados aos elementos da urbanização ou da edificação, de forma que sua modificação ou traslado não provoque alterações substanciais nestes elementos, tais como semáforos, postes de sinalização e similares, telefones e cabines telefônicas, fontes públicas, lixeiras, toldos, marquises, quiosques e quaisquer outros de natureza análoga;

V – ajuda técnica: os produtos, instrumentos, equipamentos ou tecnologia adaptados ou especialmente projetados para melhorar a funcionalidade da pessoa portadora de deficiência ou com mobilidade reduzida, favorecendo a autonomia pessoal, total ou assistida;

VI – edificações de uso público: aquelas administradas por entidades da administração pública, direta e indireta, ou por empresas prestadoras de serviços públicos e destinadas ao público em geral;

VII – edificações de uso coletivo: aquelas destinadas às atividades de natureza comercial, hoteleira, cultural, esportiva, financeira, turística, recreativa, social, religiosa, educacional, industrial e de saúde, inclusive as edificações de prestação de serviços de atividades da mesma natureza;

VIII – edificações de uso privado: aquelas destinadas à habitação, que podem ser classificadas como unifamiliar ou multifamiliar; e

IX – desenho universal: concepção de espaços, artefatos e produtos que visam atender simultaneamente todas as pessoas, com diferentes características antropométricas e sensoriais, de forma autônoma, segura e confortável, constituindo-se nos elementos ou soluções que compõem a acessibilidade. Durante muito tempo, imaginava-se que a acessibilidade seria alcançada unicamente por meio da eliminação das chamadas "barreiras arquitetônicas". Atualmente, ampliou-se o conceito de acessibilidade, agora compreendido em seis dimensões interdependentes, necessárias para que a sociedade na qual está inserida a escola sejam inclusivas.

Com relação à perspectiva de olhar para a acessibilidade das cidades, nós a encontramos sistematizada da seguinte maneira (Moraes, 2004, p. 2-3, grifo do original):

a. **O acesso como a capacidade de se chegar a outras pessoas**

Os seres humanos são entes sociais e o contato entre os membros de uma sociedade torna-se necessário para o bem estar [sic] de todos. Esta é a visão da cidade como cenário de troca entre as diferentes pessoas.

b. **O acesso às atividades humanas**

Oportunidades devem ser dadas a todas as pessoas para realizarem algo – como trabalhar, aprender, abrigar-se ou divertir-se. A acessibilidade surge como atributo imprescindível na sociedade permitindo que todos possam desfrutar das mesmas oportunidades em aspectos fundamentais da vida: educação, trabalho, habitação, lazer, turismo, cultura e relações sociais.

c. **O acesso ao meio físico**

Os lugares de uma cidade são espaços que por sua natureza de convívio coletivo, devem ser acessíveis a todos. O planejamento da boa forma da cidade, que leve em consideração a acessibilidade ao meio físico, possibilitará a construção de uma sociedade inclusiva que assimile progressivamente a ideia de integração social e espacial das pessoas com todas as suas diferenças.

d. **O acesso à autonomia, liberdade e individualidade**

A acessibilidade pressupõe a liberdade de escolha ou a opção individual no ato de relacionar-se com o ambiente e com a vida.

e. **O acesso ao sistema de transportes**

A acessibilidade ao sistema de transportes é de vital importância neste contexto. A cidade deve oferecer diversas alternativas, para que mesmo aqueles com deficiência temporária ou mobilidade reduzida (pessoas engessadas ou idosas, por exemplo), possam contar com eficiência e segurança na sua locomoção para realizar suas atividades.

f. **O acesso à informação**

Através da comunicação sensorial, reprodução dos significados da vida comum pelas formas, cores, texturas, sons, símbolos e signos expressos em cada espaço e mobiliário urbanos, é possível realizar um sistema de sinalização acessível a qualquer pessoa.

Considerando os tipos legais de acessibilidade, apontaremos alguns aspectos que, de acordo com Moraes (2004), deveriam ser levados em conta no cotidiano da escola, sobretudo, quando o intuito é atender a alunos com deficiência física. São recursos materiais e recursos humanos que se imbricam com a acessibilidade.

Recursos materiais

- **Facilitadores do acesso e da mobilidade pela escola**: eliminação de barreiras arquitetônicas horizontais (rampas) e verticais (elevadores, esteiras e escadas rolantes).
- **Facilitadores de permanência do aluno em sala de aula**: uso de adaptações específicas do mobiliário e de recursos que possibilitem as mudanças posturais; redistribuição e reorganização dos materiais, como os quadros e a própria mesa do aluno, e da sala de aula, de maneira que o aluno que faz uso de cadeira de rodas possa manobrar e circular sem dificuldades; mudança da localização da carteira escolar para um local mais iluminado e o emprego de suportes para a leitura com luminárias, se for necessário; adoção de painéis fixos ou portáteis para a escrita manual

ou com computadores para a comunicação aumentativa e alternativa (CAA); transferência do aluno para próximo da mesa do professor para situações de apoio individual; utilização de uma mesinha ou de uma estante para o apoio de materiais, livros e outros objetos, a fim de promover o acesso autônomo a esses itens.

- **Potencializadores de autonomia nas atividades de asseio e de higiene**: construção de banheiros adaptados amplos, acessíveis e próximos dos lugares de maior afluência dos alunos; uso de acessórios de banho remodelados ou dotados de redutores, estabilizadores de vaso sanitário e pontos de apoio (corrimão); manuseio de instrumentos mais específicos, como as sondas e coletores.

Recursos humanos

- **Corpo docente preparado**: treinamento e capacitação de professores para executar a inclusão na escola.
- **Atendimento específico**: contratação de professor de AEE.
- **Envolvimento da comunidade escolar**: comprometimento de gestores, coordenadores, pessoal de apoio de cozinha e zeladoria, professores de classe regular, professores de AEE e família com o trabalho colaborativo, seguindo definições de competências e de responsabilidades.
- **Relacionamento extraclasse**: convivência entre professor regular e professor de AEE com as famílias dos alunos com deficiência física, no sentido de obter informações essenciais para o trabalho exercido na escola.

É importante que o planejamento pedagógico seja colaborativo, com objetivos e estratégias que devem contemplar o processo de ensino-aprendizagem de maneira inclusiva, contínua, dinâmica e desafiadora para viabilizar, com excelência, o acesso e a permanência de alunos com deficiência física na escola.

Ainda nessa perspectiva, Moraes (2004 p. 17) indica que a acessibilidade das pessoas com deficiência ao sistema de educação deverá estar assegurada mediante:

a. adequação dos espaços das edificações escolares;
b. escolas próximas às grandes concentrações de crianças e adolescentes em idade escolar, objetivando atender a acessibilidade física da dos alunos que tenham algum tipo de deficiência;
c. garantia de verba para compra de equipamentos adequados ao tipo de deficiência e contratação de recursos humanos especializados;
d. promoção da conscientização, para a integração e convívio nas escolas sem existir discriminação e preconceito aos alunos com deficiência;
e. localização de paradas de ônibus o mais próximo das escolas possibilitando o encurtamento das distâncias e o menor esforço físico na locomoção das pessoas com deficiência.

Quando pensamos nas cidades, essas diretrizes evidenciam a necessidade de atuações integradas das Secretarias Municipais de Educação, de Urbanismo, de Transporte e de Assistência Social, para que o espaço físico das escolas seja adequado às necessidades espaciais das pessoas com deficiência. A adaptação arquitetônica das edificações escolares é apenas uma das várias ações a serem empreendidas com vistas a permitir a todos o acesso ao setor da educação (Moraes, 2004).

Considerando o que já discutimos até aqui, vamos agora refletir sobre as bibliotecas nas escolas.

As bibliotecas vêm se reconfigurando constantemente, pois sempre há mudanças na maneira de sistematizar, catalogar e disponibilizar o conhecimento. Hoje, elas acomodam não só os livros e os periódicos, mas também armazenam e disseminam informações com tecnologias digitais de acesso rápido.

Por isso, as bibliotecas escolares devem disponibilizar recursos materiais e de tecnologia assistiva que viabilizem o acesso de todos ao conhecimento, como:

- recursos ópticos para ampliação de imagens (lupas eletrônicas, programa de ampliação de tela, circuito fechado de TV);
- sistema de leitura de tela, com sintetizador de voz e *display* Braille;
- computadores com teclado virtual, *mouse* adaptado e outros recursos de tecnologia assistiva da informática;
- máquinas de escrever em Braille à disposição dos alunos;
- gravadores de fita, computador com *software* específico, *scanners* e impressoras em Braille;
- aparelhos de TV com dispositivos receptores de legenda oculta e audiodescrição e tela com dimensão proporcional ao ambiente, de modo a permitir a identificação dos sinais das personagens, do narrador ou do intérprete de libras nas aulas coletivas; aparelhos de vídeos, de CD e de DVD.

Além disso, as escolas devem prover:

- mapas táteis, com a descrição de seus espaços; áreas construídas e sinalizadas;
- salas de aula devidamente iluminadas;
- salas de aula com conforto acústico para viabilizar a comunicação, com ou sem amplificação sonora;
- segurança e conforto ao aluno, inclusive nos brinquedos e no mobiliário; alarmes sonoros e visuais e sinalização luminosa intermitente (tipo *flash*), para avisos de: **intervalo e de mudança de professor (na cor amarela) e incêndio ou perigo, em vermelho e amarelo, com *flashes* mais acelerados – a cor amarela é necessária para dar condições melhores de visualização.**

Quanto às salas de recursos multifuncionais e bibliotecas,

As diretrizes de funcionamento contidas em normas e regulamentos relacionados ao Atendimento Educacional Especializado relacionam diversos recursos materiais e de Tecnologia Assistiva (TA), que são alocados nas salas de recursos multifuncionais e, também, nas bibliotecas escolares, como apoio ao AEE. Na sala de recursos multifuncionais, os estudantes trabalham com diversos recursos que têm o potencial de melhorar o desempenho no processo de ensino e aprendizagem (Melo; Pupo, 2010, p. 18).

Quanto ao acervo bibliográfico das escolas, Melo indica que, em todos os níveis de escolarização, é preciso providenciar a digitalização de livros e também livros digitais, que possam ser submetidos por sistemas específicos de leitura e de ampliação de tela (Melo; Pupo, 2010). Os materiais didáticos, instrucionais e metodológicos devem conter todas as formas de comunicação – visual, oral, descritiva, gestual, sonora etc. –, com uso de material concreto.

Além disso, a biblioteca escolar deve interagir com os profissionais de AEE na busca de soluções comuns de acessibilidade, compartilhando atividades de apoio e experiências.

Nesse sentido, a **internet**, como ferramenta tecnológica, cresce como importante fonte não apenas de informação, mas também lazer e educação, por isso seu acesso deve ser projetado, ou adaptado para o uso de todas as pessoas.

Quanto à **acessibilidade metodológica**, a ênfase na educação inclusiva caracteriza-se por um processo que valoriza a diversidade como um ganho à escolarização de todas as pessoas (Melo; Pupo, 2010).

A consideração da diversidade como condição humana favorecedora da aprendizagem é o objetivo da educação inclusiva, ou seja, as limitações dos sujeitos devem ser consideradas como informações úteis na elaboração dos planejamentos de ensino, com o respeito aos distintos ritmos de aprendizagem e a proposição de práticas pedagógicas variadas. As pessoas são diferentes, com ou sem deficiência, e todas têm seu modo particular de aprender (IFES, 2014).

5.2 Acessibilidade e AEE

A análise das leis e dos decretos que amparam o acesso das crianças com deficiência também faz parte do processo de compreensão da perspectiva da educação inclusiva.

Partindo da hipótese de que a Lei de Diretrizes e Bases da Educação Nacional – Lei n. 9.394, de 20 de dezembro de 1996 garante o direito imperativo à criança de frequentar, preferencialmente, o ensino regular, e cabe à escola e a toda a equipe que a envolve elaborarem um plano de ação objetivando o desenvolvimento segundo as características individuais de seus alunos (Brasil, 1996).

A inclusão acontece na prática pela somatória de fatores que vão desde adaptações no ambiente físico até a organização curricular, passando pela formação dos profissionais envolvidos, além da participação da família e a execução de projetos de apoio.

Incluir é o privilégio de conviver com as diferenças, portanto significa que devem ser respeitadas as peculiaridades de cada um. Igualdade na inclusão é atender às diferenças com distintas formas de agir, para que se busquem e se encontrem meios de o aluno se desenvolver. Para que a inclusão, de fato, aconteça, as escolas precisam se adequar a essa realidade, não ser apenas uma instituição que inclui para cumprir a lei, mas que seja, realmente, de todos e para todos (Gomes; Silva, 2012).

Nesse sentido, a **tecnologia assistiva** é um dos recursos de que o professor pode fazer uso para que todo o potencial de ensino seja explorado, com o intuito de que a maior quantidade e a maior qualidade de avanços aconteçam e sejam favoráveis à evolução das funções mentais superiores, da mediação simbólica e da elaboração de conceitos por parte dos alunos, inclusive dos que, em virtude de suas deficiências, estão em evidente ligação com a inclusão educacional.

Como abordamos no início desta obra, as crianças com deficiências foram, por muito tempo, excluídas do processo educativo oferecido pelas escolas regulares, porém nenhuma deficiência pode constituir-se em uma barreira ou em um empecilho para que a inclusão aconteça. Para desmistificar as deficiências, é preciso conhecê-las, conceituá-las e não permitir que sejam um bloqueio, mas sim subsídios para um novo percurso.

O processo da inclusão das crianças com deficiência no campo educacional deve iniciar-se nos primeiros anos da vida escolar, ou seja, na educação infantil, e deve ser encarado como um desafio para compreender as diferenças e trabalhar em um coletivo de ações que viabilizem sua qualidade.

A prática pedagógica na perspectiva inclusiva precisa objetivar meios para o aluno conseguir realizar suas atividades. Para isso, é de suma importância que essa criança tenha acompanhamento de um profissional de AEE.

O professor de AEE deve ter formação acadêmica na área pedagógica, com especialização também nessa área, e trabalhar com a criança incluída em turno contrário e com atendimentos semanais, visando estimular e buscar recursos para adequar as suas possibilidades.

As políticas educacionais brasileiras têm normas para que o AEE seja um auxílio na educação inclusiva, que vem crescendo nos últimos anos no país. Como já enfatizamos anteriormente, o público-alvo do AEE são crianças com deficiência, transtornos do espectro autista (TEA) e altas habilidades/superdotação.

O Conselho Nacional de Educação, por meio da Resolução n. 4, de 2 de outubro de 2009, estabelece as diretrizes operacionais para o AEE na educação básica, definindo que:

> Art. 5º O AEE é realizado, prioritariamente, nas salas de recursos multifuncionais da própria escola ou em outra de ensino regular, no turno inverso da escolarização, não sendo substitutivo às classes comuns, podendo ser realizado, em centro de atendimento educacional especializado de instituição especializada da rede pública ou de instituição especializada comunitárias, confessionais ou filantrópicas sem fins lucrativos, conveniadas com a secretaria de educação ou órgão equivalente dos estados, do Distrito Federal ou dos municípios. (Brasil, 2009b)

Nesse contexto, é necessário o estabelecimento de uma parceria efetiva entre os gestores escolares, os professores da sala regular, os professores do AEE, os profissionais de equipe interdisciplinar, como fonoaudiólogos, psicólogos, terapeutas ocupacionais e neurologistas, e a família do aluno.

A sala de aula é o espaço que vai refletir toda a grandeza e finalidade dessa parceria. É no âmbito da escola que a intervenção educativa toma forma, que se definem as finalidades e, em geral, encontram-se os planos de atuação, seus funcionamentos, e suas organizações (Gomes; Silva, 2012).

O importante é que a criança aprenda segundo suas possibilidades e tenha direito à educação em salas regulares com o apoio pedagógico necessário. É também essencial que não se rotule o ensino especial, mas, ao contrário, seja feito bom uso dos recursos, favorecendo a mediação e proporcionando intervenções.

Quanto ao AEE e sua relação com o ensino regular em classe comum, o único caminho é o trabalho colaborativo. Devemos partir do princípio de que diferentes formas de ensinar possibilitam o acesso aos conhecimentos dos alunos com base em suas especificidades.

A entrada de alunos que fazem parte do público-alvo da educação especial em classe comum no ensino regular tem acontecido, mas precisamos buscar meios para o desenvolvimento de um trabalho pedagógico que ofereça aos alunos possibilidades efetivas de aprendizagem e a consolidação de uma escola de qualidade, que garanta o direito a todos e todas. Podemos afirmar que a relação entre a classe comum e a educação especial está em construção.

> A educação especial é responsável por auxiliar os alunos deficientes e seus professores para que as escolas tornem-se inclusivas, saiu do espaço especializado, onde ocupava um lugar de destaque, e migrou para as escolas regulares, mas ainda se ocupa do anormal, do estranho, do sujeito deficiente, que necessita de auxílio para permanecer na escola que em foi acolhido, nesse sentido a escola regular demarca territórios, espaços que podem ser ocupados por esses indivíduos, criam-se Salas de Recursos, Laboratórios de Aprendizagem, entre outros, que dizem da diferença e são responsáveis pela "aprendizagem" desses sujeitos. Vemos que ainda existe um espaço especializado nas escolas regulares e que busca estabelecer a norma nos sujeitos incluídos, pois necessitam desta para permanecer no espaço inclusivo. (Forgiarini, 2012, p. 57)

Muitos professores das classes comuns não têm formação ou conhecimentos referentes à área da educação especial, o que pode comprometer seu trabalho em sala de aula porque, efetivamente, há alunos da educação especial nesses espaços. Desse fato, é possível concluir que há a necessidade urgente de cada escola contar com profissionais especializados que possam auxiliar na consolidação do AEE nas diferentes escolas e nos distintos sistemas educacionais.

Quanto aos professores especializados que atuam nas salas de recursos montadas para AEE, eles também devem participar do planejamento dos professores das classes comuns (Pagnez, 2016)

5.3 Autonomia e independência

Como o profissional do AEE pode estimular a autonomia e a independência em alunos com deficiência física?

> A conquista da autonomia e da independência é uma das características da cidadania e parte desse processo tem relação direta com o bem-estar do indivíduo no meio em que ele vive. A maioria dos ambientes construídos, ou não, apresenta barreiras visíveis e invisíveis. Constituem barreiras visíveis todos os impedimentos concretos, entendidos como a falta de acessibilidade aos espaços. A eliminação de barreiras visíveis poderá vir a contribuir para a diminuição das barreiras invisíveis. Para isso, arquitetos, projetistas e designers devem rever a forma de conceber os espaços, os objetos, de modo que eles possam oferecer mais conforto, segurança e eficácia às pessoas com deficiência (Moraes, 2004, p. 32).

A acessibilidade nas edificações, nos transportes, nas ruas e nos equipamentos urbanos está prevista em lei e o objetivo é possibilitar mais autonomia e mobilidade a um número maior de pessoas, incluindo aquelas que têm deficiência física, reduzida mobilidade ou dificuldade em comunicar-se, para que possam ter acesso e desfrutar dos espaços com mais conforto e segurança (Moraes, 2004).

Ainda segundo Moraes (2004), as barreiras invisíveis constituem a forma como as pessoas são vistas em sociedade, na maior parte das vezes, reconhecidas pelas suas deficiências, e não pelas suas potencialidades.

> Mudanças significativa [sic] na vida de crianças com deficiência só ocorrerão quando começarem a mudar as atitudes das comunidades, dos profissionais, dos meios de comunicação e dos governos. A ignorância sobre a natureza e as causas da deficiência, a invisibilidade das próprias crianças, a atitude grave de subestimar seu potencial e suas capacidades, e outros empecilhos à igualdade de oportunidades e de tratamento conspiram, em conjunto, para silenciar e marginalizar as crianças com deficiência. (Unicef, 2013, p. 20).

O preconceito ocorre em locais onde há desigualdade de poder e diz respeito a uma valoração estereotipada, generalizada e negativa atribuída ao outro, àquele considerado diferente e inferior. Trata-se, assim, do avesso do conhecimento (Costa, 2013). Porém, nem sempre as barreiras atitudinais – os rótulos e os pejorativos, de substantivação da pessoa com deficiência como um todo deficiente – são perceptíveis ou intencionais.

Algumas das barreiras atitudinais (invisíveis) podem ser encontradas em muitos e diferentes pesquisadores. Para o nosso estudo, indicamos os trabalhos de Amaral (1995, 1994); Goffman (1988); e Elias Scotson (2000).

A escola pode perpetuar preconceitos, mas também pode desconstruí-los. Esta é uma tarefa para os/as gestores/as e educadores/as comprometidos/as com os direitos humanos. O silêncio da escola sobre as dinâmicas das relações sociais no plano da raça e do gênero permite que seja transmitida aos (as) alunos(as) uma pretensa superioridade branca e dos homens. Valho-me de considerações feitas a propósito da diversidade étnico-racial na educação para extendê-las às outras diversidades (Castilho, 2006, p. 58).

Para superarmos as barreiras invisíveis, vamos pensar e nos aproximar da acessibilidade atitudinal. Considerando que ela alicerça as demais dimensões da acessibilidade, precisamos buscar a mudança das mentalidades com informação, conhecimento e atitude.

Assim, acessibilidade atitudinal, no âmbito da escola, refere-se à quebra de barreiras decorrentes do preconceito e da falta de informação na direção de uma mudança de mentalidade em relação às possibilidades e às potencialidades dos alunos com deficiência.

Mas como promover a acessibilidade atitudinal na escola? Com informação e atitudes:

Campanhas amplas de conscientização pública, patrocinadas pelos governos, incluindo crianças como apresentadoras, e apoiadas por todos os interessados da sociedade civil, podem informar, questionar e tornar públicas essas barreiras à realização de direitos. Além disso, pais, mães e organizações de pessoas com deficiência podem desempenhar – e frequentemente desempenham – um papel crucial na luta por aceitação e inclusão. Incluir a questão da deficiência no discurso político e social pode contribuir para sensibilizar os tomadores de decisões e os provedores de serviços, e demonstrar à sociedade em geral que a deficiência faz "parte da condição humana. (Unicef, 2013, p. 20)

Como proposta no sentido de auxiliar nos primeiros passos para promover a inclusão no âmbito da escola, sugerimos a abordagem de Amaral (1995), que indica quatro níveis de integração: física, funcional, social e comunitária..

O primeiro nível, o da **integração física**, refere-se à aproximação física com diminuição da distância entre as pessoas com e sem deficiência. O segundo nível, o **funcional**, é assim definido pela autora:

> O segundo nível de integração nos fala da redução não mais meramente física, mas de uma redução de distância "funcional", ou seja, as pessoas podem e devem ter uma atividade em comum, malgrado estejam se utilizando de estratégias e equipamentos diferentes ou desenvolvendo essas atividades em ritmos, formas e níveis de precisão também diferentes (Amaral, 1995, p. 105).

No terceiro nível, o que a autora denomina como **integração social**, espera-se que ocorra aproximação e a comunicação entre as pessoas com e sem deficiência, reduzindo o eventual sentimento de isolamento por parte da segunda.

O quarto nível de integração refere-se às mudanças e às ações que visam eliminar obstáculos: legislação, investimentos em serviços de reabilitação, extinção de barreiras arquitetônicas, formação e capacitação profissional, entre outras.

Resumindo: é preciso estar no mesmo espaço, fazendo a mesma atividade e provocar uma interação social. Não é simples, mas é a possibilidade de inicia-se um processo inclusivo.

5.3.1 Para falarmos de autonomia

Autonomia é uma palavra que vem do grego e significa "governar-se a si mesmo", "autogoverno". Podemos inferir que as ações desenvolvidas nas escolas buscam a produção de sujeitos capazes de decidir sobre si mesmos, ou seja, serem autônomos (Martins, 2002).

> Não se entende este poder como algo absoluto e ilimitado, também não se entende como sinônimo de autossuficiência. Indica uma esfera particular cuja existência é garantida dentro dos próprios limites que a distinguem do poder dos outros e do poder em geral, mas apesar de ser distinta, não é incompatível com as outras leis. (Forgiarini, 2012, p. 7)

As pessoas com deficiência precisam ser estimuladas a alcançar a autonomia, para que possam conviver de maneira independente em sociedade. Para atrelarmos a autonomia e independência da pessoa com deficiência, destacamos a *Política Nacional de Educação Especial na Perspectiva da Educação Inclusiva*, que propõe (Brasil, 2008, p. 11-15):

- Transversalidade da educação especial desde a educação infantil até a educação superior;
- Atendimento educacional especializado;
- Continuidade da escolarização nos níveis mais elevados do ensino;

- Formação de professores para o atendimento educacional especializado e demais profissionais da educação para a inclusão escolar;
- Avaliação pedagógica como processo dinâmico;
- Acessibilidade urbanística, arquitetônica, nos mobiliários e equipamentos, nos transportes, na comunicação e informação; e
- Articulação intersetorial na implementação das políticas públicas.

Podemos perceber que são propostas que conduzem à autonomia da pessoa com deficiência – no nosso foco, a pessoa com deficiência física.

A acessibilidade nos transportes indica a possibilidade de ir e vir de uma pessoa que use cadeira de rodas, por exemplo, de ter liberdade para estar em lugares antes inacessíveis (escola, academia, clube e a própria rua) e tudo o que isso pode proporcionar. Acima de tudo, diz respeito à participação efetiva em sociedade.

As escolas inclusivas também apresentam, em suas práticas educacionais e em seus discursos, possibilidades para que os alunos possam desenvolver sua autonomia. O princípio de autonomia aparece nos discursos inclusivos que, por sua vez, podem influenciar as práticas escolares na tentativa de promover alunos capazes de viver de forma autônoma e independente em sociedade.

Nesse sentido, cada escola deve encontrar práticas pedagógicas que sejam adequadas para os seus alunos e os seus contextos. "Para tanto, busca-se a produção de sujeitos com condições efetivas de participação na sociedade, desenvolvimento da autonomia/autogestão e possibilidade de ampliação de competências" (Forgiarini, 2012, p. 9).

5.4 Bases da inclusão educacional

Historicamente, até meados do século XX, as pessoas com deficiência foram totalmente excluídas das redes de ensino ou, quando muito, tiveram acesso parcial à educação. O acesso nos anos 1950 foi possível com base nos modelos de normalização, integração e inclusão. "Como parte da complexa história dos direitos humanos, a segregação de pessoas com deficiência começou a ser questionada a partir dos anos 50. No âmbito da escola surge então a perspectiva da *Normalização* que precede a *Integração* que por sua vez antecede a *Inclusão*" (Cidade; Freitas, 2009, p. 43).

O primeiro modelo, a **normalização**, apareceu nos anos 1950, nos países nórdicos, em contraposição à institucionalização de pessoas com deficiência e defendia um ambiente menos restritivo em direção da igualdade de oportunidade.

A **integração**, como forma de atendimento educacional, esteve presente entre os anos 1960 até início dos anos 1990. Nesse modelo, o estudante com deficiência era atendido por uma instituição educacional denominada *escola especial* e com classes especiais nas escolas públicas. Nessa perspectiva, o aluno frequentava uma sala de aula dentro de uma escola comum, porém destinada somente a crianças com deficiência.

A evolução do campo dos direitos humanos, nos anos 1950, trouxe à tona o paradigma da inclusão. Marcada pela Declaração de Salamanca, de 1994, essa proposta é orientada pelo direito que todos os estudantes têm de frequentar a escola comum, em classes regulares, visto que os programas de estudo devem ser adaptados às necessidades da criança, e não o contrário (Salamanca, 1994).

Assim, **inclusão** educacional como processo implica modificações grandes e pequenas, com reestruturação e modernização das condições atuais da maioria das escolas.

A educação inclusiva como diretriz para a transformação na estrutura da escola foi definida pelo Ministério da Educação como política pública que assumiu sua disseminação por meio do Programa Educação Inclusiva: direito à diversidade, iniciado em 2003. Essa ação conduziu um processo amplo de reflexão nos sistemas educacionais sobre as formas tradicionais do pensamento pedagógico e de ruptura com a concepção determinista da relação entre condições históricas, desvantagens sociais, deficiência e a não aprendizagem (Dutra; Griboski, 2006, p. 20).

Com base nesse e em outros marcos legais, o processo inclusivo no âmbito da educação tem suscitado inúmeras reflexões e debates. "A ideia remete às dimensões físicas e atitudinais que permeiam a área escolar, onde diversos elementos, como a arquitetura, engenharia, transporte, acesso, experiências, conhecimentos, sentimentos, comportamentos, valores etc., coexistem, formando esse *lócus*, extremamente complexo" (Cidade; Freitas, 2009, p. 47).

5.4.1 O papel da escola

A escola, historicamente, tem sido apontada como uma instituição que estabelece critérios seletivos, excludentes e homogeneizantes. Na inclusão educacional, possibilitar as diferentes presenças no âmbito de ensino ainda é um desafio. O processo de transformação da escola comum ainda é lento e exige uma ruptura com os modelos pedagógicos vigentes. Contudo,

> Se acreditarmos que o papel da escola é construir cidadania por meio do acesso ao conhecimento, isto só será possível se dentro da escola tivermos uma verdadeira representação do grupo social que está fora da escola: pessoas com diferentes credos, de raças diferentes, com saberes diferentes, pessoas sem deficiências (existem?) e pessoas com deficiência. A experiência de conviver com a diversidade, tão necessária para a vida, nunca será exercida num ambiente educacional segregado, onde a diversidade humana não esteja representada (Sartoretto, 2006, p. 81).

O papel da escola é proporcionar uma cultura de convivência, participação e colaboração entre os diferentes. Santos (2016) explica que a questão da participação é fundamental no processo de inclusão na escola e aponta três questões para que isso se efetive. São elas: a conscientização, a formação e a estruturação de cada membro e do seu papel na dinâmica escolar.

A **conscientização** emerge da necessidade da vontade de se envolver no processo de inclusão, e "é preciso um movimento de sensibilização com toda a comunidade escolar sobre a importância de rompermos com nossas barreiras particulares diante da inclusão. Isso requer uma mudança cultural, capaz de fomentar a criação e que envolve tempo e investimento contínuo" (Santos, 2016, p. 46).

A **formação**, propriamente dita, diz respeito aos professores e aos outros profissionais que vão lidar, direta ou indiretamente, com os alunos em seu processo de ensino-aprendizagem. Deve ser oferecida pelas Secretarias Estaduais e Municipais de Educação e pelas escolas de forma continuada na perspectiva de conhecimentos necessários à construção de estratégias para a educação dos alunos.

A **estruturação** é a etapa que viabiliza a prática das construções planejadas nos momentos de formação. "Trata-se da elaboração dos calendários para estudos, organização da rotina da escola de forma articulada e não isolada, para que consiga agregar e organizar todas as situações necessárias para o sucesso dos alunos na aquisição de aprendizagem" (Santos, 2016, p. 47).

Portanto, a inclusão se traduz pela capacidade da escola em dar respostas eficazes às diferenças de aprendizagem dos alunos, considerando o desenvolvimento de cada criança.

> Discutir e propor alternativas para a consolidação de uma escola inclusiva é direito e dever de todos os que acreditam que a escola é o local privilegiado, e muitas vezes único, onde, de fato, os sujeitos de sua própria educação, quaisquer que sejam suas limitações, podem fazer a experiência fundamental, e absolutamente necessária, da cidadania, em toda a sua plenitude. (Sartoretto, 2006, p. 82)

5.5 AEE, acessibilidade e processo inclusivo

Agora, vamos relacionar os assuntos já debatidos até aqui destacando o AEE, a acessibilidade e o processo inclusivo.

O movimento mundial pela educação inclusiva é uma ação política, cultural, social e pedagógica desencadeada em defesa do direito de todos os estudantes de estarem juntos, aprendendo e participando, sem nenhum tipo de discriminação. A educação inclusiva constitui um paradigma educacional fundamentado na concepção de direitos humanos, que conjuga igualdade e diferença como valores indissociáveis e que avança em relação à ideia de equidade formal ao contextualizar as circunstâncias históricas da produção da exclusão dentro e fora da escola.

Ao reconhecer que as dificuldades enfrentadas nos sistemas de ensino evidenciam a necessidade de confrontar as práticas discriminatórias e criar alternativas para superá-las, a educação inclusiva assume espaço central no debate acerca da sociedade contemporânea e do papel da escola na superação da lógica da exclusão. Com base nos referenciais para a construção de sistemas educacionais inclusivos, a organização de escolas e de classes especiais passa a ser repensada, implicando uma mudança estrutural e cultural dessa instituição para que todos os estudantes tenham suas especificidades atendidas.

O educando com deficiência física precisa acessar o conhecimento escolar e interagir com o ambiente que ele frequenta, portanto é imprescindível criar as condições adequadas a fatores de seu dia a dia, como locomoção, comunicação, conforto e segurança.

Com base nas diretrizes da nova política, a educação especial é estabelecida como uma modalidade de ensino que percorre todos os níveis e todas as etapas e modalidades, que disponibiliza recursos e serviços, faz o atendimento educacional especializado e orienta quanto à sua utilização no processo de ensino-aprendizagem nas turmas comuns do ensino regular.

Dessa forma, a educação inclusiva tornou-se tema constante nos debates educacionais brasileiros, conduzindo a novas formulações que reorientam os apoios técnico e financeiro para que possam prover condições de inclusão escolar dos estudantes que fazem parte do público-alvo da educação especial nas redes públicas de ensino.

Portanto, o conceito de acessibilidade é integrado como forma de promover a igualdade de condições entre todos.

Na perspectiva inclusiva, o AEE é definido como um conjunto de atividades e recursos de acessibilidade e pedagógicos organizados institucionalmente, prestado de forma complementar ou suplementar à formação dos alunos no ensino regular (Brasil, 2011).

Para complementar nossa aproximação entre acessibilidade e processo inclusivo, destacamos a seguir as ações de apoio ao desenvolvimento inclusivo dos sistemas de ensino, que constam no documento *A consolidação da inclusão escolar no Brasil: 2003 a 2016* produzido pela Secretaria de Educação Continuada, Alfabetização, Diversidade e Inclusão – Secadi (Brasil, 2016)

Com a finalidade de fomentar a transformação dos sistemas educacionais em inclusivos, o Ministério da Educação, entre 2013 e 2016, implementou, em parceria com os sistemas de ensino, as seguintes ações:

Programa de Formação Continuada de Professores em Educação Especial

Visando apoiar a inclusão escolar dos estudantes com deficiência, o Programa de Formação Continuada de Professores em Educação Especial é implementado no âmbito da Rede Nacional de Formação Continuada dos Profissionais do Magistério da Educação Básica Pública – Renaform, em parceria com as Secretarias de Educação e as instituições públicas de educação no período de 2007 a 2015. Essa ação disponibilizou 98.500 vagas nos seguintes cursos de especialização e aperfeiçoamento:

- Ensino da língua brasileira de sinais na perspectiva da educação bilíngue.
- Ensino do sistema braille na perspectiva da educação inclusiva.
- O uso pedagógico dos recursos de tecnologia assistiva.
- Acessibilidade na atividade física escolar.
- Atendimento educacional especializado na perspectiva da educação inclusiva.
- Gestão do desenvolvimento inclusivo da escola.
- Ensino de língua portuguesa como segunda língua.
- O uso do sistema de FM no ambiente escolar.

Programa Educação Inclusiva: direito à diversidade

Com o objetivo de apoiar a transformação dos sistemas educacionais em inclusivos, esse programa conta com a adesão de 142 municípios polos que atuam como multiplicadores da formação de gestores e educadores. Anualmente, é realizado um seminário nacional de formação dos coordenadores, com a disponibilização de materiais pedagógicos e de apoio financeiro para a formação em cada município polo, contemplando a totalidade dos municípios brasileiros. A partir de 2007, esse programa passou a integrar o Plano de Desenvolvimento da Educação (PDE), por meio do Plano de Ações Articuladas (PAR). Os municípios polos apresentam a demanda de cursos presenciais, ofertando vagas às redes de ensino de sua abrangência. No período de 2004 a 2015, registrou-se a formação de 183.815 professores.

Programa Implantação de Salas de Recursos Multifuncionais

Criado para apoiar a organização e a oferta do atendimento educacional especializado, foi instituído pela Portaria normativa, n. 13, de 24 de abril de 2007 (Brasil, 2007), no âmbito do PDE. O programa contempla as demandas das Secretarias de Educação, apresentadas no PAR, tendo como critério atender às escolas públicas com matrícula de estudantes que fazem parte do público-alvo da educação especial em classe comum do ensino regular, registradas no Censo Escolar MEC/INEP (Brasil, 2007). A adesão ao referido programa está condicionada à integral concordância com os termos da Portaria n. 25, de 19 de junho de 2012 (Brasil, 2012), a ser firmado, eletronicamente, pelas Secretarias de Educação dos estados, dos municípios e do Distrito Federal, por meio do Sistema de Gestão Tecnológica do Ministério da Educação – Sigetec. No período de 2005 a 2014, foram contempladas 42 mil escolas públicas de ensino regular com registro de matrículas de estudantes do público-alvo da educação especial em classes comuns, alcançando 93% dos municípios brasileiros.

A celebração de um acordo de cooperação técnica, entre o Ministério da Educação e uma empresa de tecnologia, possibilitou o acesso a programas de específicos para pessoas com deficiência às escolas públicas de educação básica, com matrículas de estudantes com deficiência. Este *software* permite acesso aos aplicativos do sistema operacional Windows, ao Office, ao Internet Explorer e a outros aplicativos, por meio da leitura dos menus e das telas dos programas, por intermédio de um sintetizador de voz.

Programa Escola Acessível

Implementado no âmbito do Programa Dinheiro Direto na Escola – PDDE, objetiva apoiar a promoção de acessibilidade no ambiente escolar por meio de adequação arquitetônica e aquisição de recursos de tecnologia assistiva, necessários para eliminar as barreiras ao acesso, à participação e à aprendizagem dos estudantes com deficiência, bem como promover suas autonomias.

Esse programa apoia com recursos financeiros as escolas públicas com salas de recursos multifuncionais implantadas no ano anterior e com matrículas de estudantes do público-alvo da educação especial, nos termos do que dispõe a Resolução CD/FNDE n. 19, de 21 de maio de 2013 (Brasil, 2013a).

No período de 2008 a 2016, foram contempladas 57.500 escolas públicas brasileiras, totalizando transferências no valor de R$ 522.857.208,20.

Programa BPC na Escola

O Programa de Acompanhamento e Monitoramento do Acesso e Permanência na Escola das Pessoas com Deficiência, entre 0 (zero) e 18 anos, atendidas pelo Benefício de Prestação Continuada (BPC) da Assistência Social, foi instituído pela Portaria Normativa Interministerial n. 18, de 24 de abril de 2007 (Brasil, 2007). Essa ação foi desenvolvida pelo Ministério da Educação em parceria com o Ministério do Desenvolvimento Social e Combate à Fome (MDS), o Ministério da Saúde (MS) e o Ministério das Mulheres, da Igualdade Racial e dos Direitos Humanos (MMIRDH), objetivando promover o acesso e a permanência das pessoas com deficiência na escola.

O transporte escolar acessível, implementado no âmbito do Programa Caminho da Escola, foi uma ação que priorizou o atendimento dos municípios com maior número de favorecidos pelo BPC com deficiência, em idade escolar obrigatória e fora da escola. No período de 2011 a 2015, 1.437 municípios foram contemplados com 2.307 veículos acessíveis, tendo sido investidos R$ 314.766.000,00.

5.6 A importância da comunicação no processo inclusivo

A comunicação é a prática cotidiana das relações sociais, isto quer dizer que as situações que a envolvem são muitas e diversificadas. Considerando que comunicação é o processo de troca de mensagens entre duas ou mais pessoas ou entre dois sistemas diferentes, destacamos alguns elementos que fazem parte de qualquer situação comunicativa: a realidade na qual a comunicação se realiza; os interlocutores (aqueles que falam entre si); a mensagem (aquilo que se deseja compartilhar); e o signo (a forma como a mensagem se apresenta e os meios que os interlocutores usam para levá-la a outras pessoas).

Mesmo tendo diversos conceitos, o que se sabe é que a comunicação é um processo dinâmico que ocorre entre interlocutores para troca de ideias e sentimentos, na qual o meio ambiente interfere.

A comunicação é um processo cultural. Dessa forma, comunicação e cultura formam um binômio de influência recíproca. Assim, uma é produto da outra. Além disso, são fatores preponderantes que levam o mundo a desenvolver-se e apresentar-se na contemporaneidade como uma rede complexa de interações (Vivarta, 2003).

Como processo, a comunicação tem o objetivo de tornar comum, apresentar e ser espelho dos fatos ocorridos, abrangendo os mais diversos aspectos. Nesse processo, são percebidos, interpretados e compreendidos significados, os quais podem ser transformados.

É importante enfatizar que há uma infinidade de informações que podem ser extraídas e analisadas de uma fonte comunicacional como a notícia, o filme, a música, o jornal etc. (Kassar, 2000). Em nossa vida cotidiana, de imagens que se tornaram costumeiras, a mídia nos permite ver somente o que já foi visto pelos outros, o que é captado por câmeras, o olhar do olhar do outro. "A propaganda, subsidiada pelas técnicas mais refinadas, 'faz a cabeça' das pessoas de forma subliminar e segura. Os meios de comunicação exercitam motivações profundas e praticamente irresistíveis, podendo levar a uma 'anestesia' geral da sociedade" (Demo, 1985, p. 51). Essa é uma das muitas formas sutis de manipulação do comportamento alheio.

Nessa direção, destacamos que, na aprendizagem do eu, a pessoa estigmatizada, nesse caso, com deficiência, aprende e incorpora o ponto de vista dos ditos "normais", adquirindo, portanto, as crenças da sociedade em relação à identidade e a uma ideia geral do que ela significa. Aprende também a identificar as consequências de apresentar um estigma particular.

Essa aprendizagem é chamada, por Goffman (1988), de *aprendizagem do estigma*. Inicialmente, a estigmatização trabalha sobre os estigmatizados, levando-os a interiorizar a representação que lhes é remetida e até a adaptar-se a ela em seus comportamentos. Assim, essa representação coletiva negativa passa a ser incorporada por aqueles que são suas vítimas.

No campo das deficiências em geral, é comum a confusão de conceitos envolvendo direitos e benefícios.

5.6.1 A abordagem da deficiência pela mídia

Esse tema será útil para entender como a mídia pode auxiliar no processo de percepção da pessoa com deficiência na perspectiva inclusiva. Com esse propósito, abordaremos sugestões de como usar esse meio no dia a dia da escola e fora dela.

De origem na língua inglesa, a palavra *mídia* significa "meio" e consiste no conjunto dos diversos meios de comunicação, com a finalidade de transmitir informações e conteúdos variados. Ela está não apenas relacionada ao jornalismo mas também a outras formas da comunicação social e abrange uma série de diferentes suportes que agem como mecanismos para disseminar as informações.

Embora o termo *mídia* seja usado genericamente para nos referimos aos meios de comunicação tradicionais – televisão, rádio, jornais e revistas impressos –, seu alcance diz respeito não apenas a esses veículos, por meio dos quais são difundidas as informações, mas também a outros métodos e produtos que servem para disseminar os discursos da cultura. A palavra *mídia*, na sociedade atual, relaciona-se à comunicação de massa, isto é, meios de comunicação social, bem como outros recursos eletrônicos de comunicação e a indústria cultural (Gomes, 2001).

Segundo Nancy Assad (2013), a mídia é formada pela indústria de comunicação e os profissionais que estão ligados a ela. Essa relação é feita entre os canais de comunicação como revistas, jornais e emissoras de televisão e de rádio. Porém, a mídia abarca formas exteriores como, por exemplo, o *outdoor*. Há ainda as mídias *on-line*, como os *banners* em portais e *posts* patrocinados.

Dentre todos os "lugares" pelos quais a cultura se propaga, destaca-se a mídia. Com caráter de entretenimento e, muitas vezes, comercial, a mídia tem uma importância fundamental perante a sociedade, pois é pelos meios de comunicação e pelos profissionais envolvidos que ocorre a disseminação de dados e a formação de opinião.

Portanto a mídia é um componente fundamental dos processos de produção, reprodução e difusão da cultura, pois faz parte da cultura contemporânea e nela cumpre espaços importantes para o exercício da cidadania crítica e criativa.

Os mesmos temas podem ser abordados pela mídia tanto por um enfoque assistencialista quanto por um debate pela inclusão, como distribuição de cadeiras de rodas, transporte gratuito, cestas básicas, entre outros. "Jornalistas brasileiros ainda têm muitas dúvidas sobre como abordar as temáticas associadas à deficiência em suas matérias – talvez, por isso, as evitem tanto. Cometem equívocos sérios, mas têm com quem dividir essa responsabilidade: suas fontes" (Vivarta, 2003).

No decorrer da história, as pessoas com deficiência foram identificadas com palavras e expressões como *doente*, *aleijado*, *manco*, *coxo*, *perneta*, *defeituoso*, *surdo-mudo*, *surdinho* e *doente mental*.

Quando pensamos sobre as pessoas com deficiência em sociedade, é comum percebê-las pelas lentes e pelos critérios de normalização. Ora, tais métodos de julgamento avaliam as pessoas e os comportamentos tendo como base o discurso da norma, da regra, do que acontece para a maioria, e tal situação evidencia a pouca tolerância à diferença (Pontes; Naujorks; Sherer, 2001).

A mídia tem caminhado para uma mudança de abordagem, uma vez que o entendimento avança para uma melhor compreensão das restrições e das possibilidades das pessoas com deficiência, antes vistas como coitadinhas, vítimas e impotentes. A informação dá lugar ao esclarecimento e ao conhecimento necessários para avaliar e discernir o que cada situação retrata (Vivarta, 2003).

A escolha das palavras

Em tempos de processo inclusivo, é importante saber usar os termos e as palavras no contexto mais adequado. Não se recomenda o uso das palavras *portador* ou *deficiente*. O argumento que as próprias pessoas com deficiência têm defendido é o de que não "portam" uma deficiência como se porta um casaco, por exemplo. No caso da palavra *deficiente*, o problema é que ela sugere que a pessoa inteira é deficiente, o que Amaral (1995) denomina de *generalização indevida*. É preferível usar a expressão *pessoa com deficiência*, que reconhece a condição da pessoa, sem desqualificá-la.

Cabe destacar que a expressão *pessoa portadora de deficiência* aparece na Constituição Federal (Brasil, 1988) e em outros documentos oficiais de um dado momento: por isso, é preciso ficar atento ao contexto em que o texto foi escrito e publicado.

Outras expressões merecem cuidado como por exemplo: *crianças especiais, necessidades especiais, excepcional, e direitos dos especiais*. Elas não devem ser usadas com referências à deficiência, pois atualmente têm uma conotação que tende a tirar a condição humana dos indivíduos com deficiência e atribuir-lhes uma diferenciação extraordinária, inadequada.

A desinformação também é comum quando alguém se refere a pessoa surda com a expressão *surdo-mudo*. Pessoas surdas não apresentam, necessariamente problemas com a fala.

Outro ponto a ser esclarecido é a sobre deficiência intelectual. Antigamente denominada *deficiência mental*, a deficiência intelectual se refere a um comprometimento originado por fatores diversos, temporários ou não, no âmbito do funcionamento intelectual, associado à capacidade que a pessoa tem de executar determinadas tarefas (habilidades adaptativas) e de responder às demandas sociais. Ao fazer uso da palavra ou da expressão inadequadas, a pessoa reflete o senso comum e perpetua equívocos.

Palavras e expressões como *fardo para as famílias, coitadinho* e *vítima* devem ser abolidas de um vocabulário formulado na perspectiva do processo inclusivo. Devemos buscar o emprego correto das palavras baseado nas pesquisas, na prática, nos debates, em avanços no campo dos direitos humanos e no respeito pelas opiniões das próprias pessoas com deficiência (Vivarta, 2003).

Mudando mentalidades

Os conceitos estão intimamente ligados à linguagem, por isso a mudança de mentalidade deve estar associada à alteração dos termos e das palavras. Questionamentos e práticas provocam constante revisão da terminologia que se refere às questões da deficiência. É função daquele que produz e veicula a informação atualizar-se sobre as mudanças no uso e no significado das palavras. É necessário contribuir para a informação e a atualização da sociedade, ao difundir, com rapidez, conceitos e ideias que podem auxiliar a transformação das práticas e da maneira de pensar. Por exemplo, alguém cego deve ser chamado de *cego* porque não enxerga, e não de *deficiente visual*, condição na qual há uma visão parcial.

Armadilhas de pensamento

Na concretização do estigma, as pessoas não deficientes deixam-se envolver em alguns tipos de armadilhas, entre as quais Amaral (1995) destaca:

- **Generalização indevida**: nessa armadilha de pensamento, o indivíduo não é alguém com uma dada condição, mas é a encarnação da ineficiência total. Essa atitude de pessoas sem deficiência em relação às pessoas com deficiência revela que, na maioria das vezes, não importa do que estas são capazes: na verdade, aquelas não as aceitam e não estão dispostas a manter com ele uma relação em condições de igualdade. Alguns termos específicos de estigma, como *aleijado* e *retardado*, são usados no sentido de inferir uma série de defeitos baseados na imperfeição original.

- **Coisificação**: é o tratamento dado à pessoa como se ela fosse uma "coisa", como se fosse um ser inanimado, situação em que o não deficiente escolhe e decide pelo estigmatizado; é a desumanização do outro em função de sua deficiência.
- **Infantilização indevida**: como o próprio nome sugere, há uma infantilização, visto que a pessoa com deficiência é tratada como criança, considerando-se que na sociedade os interesses das crianças são menosprezados.

Recomendações importantes

As recomendações a seguir foram pensadas para orientar os profissionais de comunicação quanto à maneira de tratar e veicular os assuntos sobre deficiência, porém podem ser muito úteis no cotidiano escolar, nas discussões com os alunos, como referência para pesquisas e tema para palestras, mostras, painéis e outros eventos educativos (Amaral, 1995; Vivarta, 2003).

- Adotar a ótica de que a deficiência pode ser uma característica, uma condição, mas não traduz a pessoa do ponto de vista de sua humanidade e do seu direito de estar inserida em todos os espaços da vida social.
  É preciso mostrar a pessoa com deficiência em situações sociais cotidianas.

- Veicular informações que sejam significativas. É imprescindível relacionar as temáticas que dizem respeito aos indivíduos com deficiência ao fato de que eles são sujeitos de direitos, como quaisquer outros cidadãos. Na cobertura de um evento (eleitoral, cultural ou cívico), por exemplo, o profissional deve manter um olhar atento para as questões de acessibilidade.
- O fato de a imprensa ser, em boa parte, responsável pela formação da opinião pública também a coloca em posição vital diante da visibilidade da luta pela inclusão e do reconhecimento das pessoas com deficiência como cidadãs plenas e atuantes.
- Mostrar os êxitos e as dificuldades sem apelar para o lado emocional.
- Cabe à mídia reverter a relação *deficiência e incapacidade* por meio de pautas criativas, reconhecendo, nesse público, sua importância como potenciais leitores e consumidores de informação. Quando os profissionais da comunicação forem veicular pautas sobre pessoas com deficiência, que o façam de maneira criativa, leve, considerando que as pessoas com deficiência são leitores, consumidores da informação.
- Vale lembrar que o termo *inclusivo* está associado a ambientes e a relacionamentos abertos à diversidade humana, e não simplesmente a situações que envolvem pessoas com deficiência.

- Preocupados em não discriminar, pessoas comuns e muitos profissionais da imprensa superestimam as pessoas com deficiência. Esse tipo de discriminação manifesta-se por meio de adjetivos generalizantes, como dizer que empregados com deficiência são mais leais e produtivos, ou homogeneizações, como escrever que crianças com síndrome de Down têm, necessariamente, um dom para as artes. É importante manter em vista que pessoas com deficiência continuam sendo, antes de tudo, pessoas. Portanto, existem as más e as boas, as trabalhadoras e as preguiçosas, as honestas e as desonestas.
- Evitar a ideia de que a pessoa com deficiência tem perfil de vítima (desamparada), de herói (corajosa, ousada) ou de vilão (agressiva ou criminosa).
- Cuidar para não cair em armadilhas do pensamento. Não generalizar, não infantilizar ou coisificar a pessoa com deficiência.
- Ter uma deficiência não é o mesmo que estar doente. Deficiência não é doença. Ao fazer essa confusão, a mídia, comumente, reforça a ideia precipitada de que o primeiro passo para inserir uma pessoa com deficiência na sociedade é curá-la, quase "normalizá-la".
- Usar terminologia com características descritivas e não valorativas (estereotipada).
- Não usar as palavras *portador* e *deficiente*. O adequado é usar *pessoa/indivíduo com deficiência* ou *pessoa/indivíduo que tem deficiência*.

- Exercitar a ideia de que pessoas com deficiência são geradoras de capital social. Assim, todas elas devem participar da vida cultural de suas comunidades. Nesse contexto, vem surgindo um novo tipo de direito, o cultural, para garantir que os cidadãos mantenham e satisfaçam a diversidade e as necessidades de seus modos de vida. Os direitos culturais são parte dos direitos humanos – de todos os humanos, sem exceção.

Finalmente, é necessário considerar que há sempre uma reconstrução de ideias, noções e valores como resultado das constantes e dinâmicas interações. Dar outros significados à questão da deficiência ainda é um desafio. Representa um movimento no sentido de "não adjetivar" a pessoa com deficiência, "desadjetivar a deficiência é um caminho" (Amaral, 1995, p. 148), ou seja, ser diferente não é ser melhor ou pior, bom ou ruim, aviltante ou enaltecedor. Como aponta Amaral (1995), **a deficiência simplesmente é**.

Síntese

Neste capítulo, mostramos o conceito e os diferentes tipos de acessibilidade. Enfatizamos a acessibilidade atitudinal e como promover uma mudança de comportamento. Em seguida, fizemos essa relação com o AEE, que é tido como o avanço significativo para a inclusão educacional.

Refletimos também sobre autonomia e finalmente enlaçamos as ideias de inclusão educacional, acessibilidade e AEE.

Indicações culturais

NASCIDO em 4 de julho. Direção: Oliver Stone. Estados Unidos: Columbia Pictures do Brasil, 1990. 145 min.

> O filme conta a história de um jovem soldado, idealista e sonhador, que foi ferido na Guerra do Vietnã e, ao voltar para seu país, confronta-se com os preconceitos em relação aos deficientes. Diante disso, passa a lutar pelos direitos que lhe são negados.

Atividades de autoavaliação

1. Assinale a alternativa correta:
   a) Acessibilidade é qualquer entrave ou obstáculo que impeça a liberdade.
   b) Acessibilidade é um serviço de transporte e de comunicação
   c) Acessibilidade é a concepção de espaços e artefatos.
   d) Acessibilidade é a possibilidade de acesso a um lugar.
   e) Acessibilidade é uma estratégia do preconceito.

2. Leia com atenção as afirmativas a seguir e julgue-as verdadeiras (V) ou falsas (F).
   ( ) A modalidade de educação especial deve estar presente no projeto político-pedagógico de cada escola e na preocupação com a consolidação de diferentes serviços que atendam aos alunos com deficiência.

( ) A biblioteca escolar deve interagir com os profissionais de atendimento educacional especializado na busca de soluções comuns de acessibilidade, compartilhando atividades de apoio e trocas de experiências.

( ) O professor do atendimento educacional especializado tem de ter formação acadêmica na área de exatas pra dar conta das tecnologias assistivas.

( ) Cada escola deve encontrar as práticas pedagógicas que são mais adequadas para seus alunos e seus contextos.

Agora, assinale a alternativa que indica a sequência correta:

a) V, F, F, V.
b) F, F, F, V.
c) V, F, F, F.
d) V, F, V, F.
e) V, V, F, V.

3. Leia com atenção as afirmativas a seguir e julgue-as verdadeiras (V) ou falsas (F).

( ) A Declaração de Salamanca, em 1994, definiu como princípio fundamental que todas as escolas devem atender a crianças com atrasos e retardos.

( ) A integração física ou a integração de primeiro nível, é aquela em que há proximidade, redução da distância física e/ou ocupação do mesmo espaço.

( ) Adjetivação é classificar a pessoa com deficiência como adjetivos pejorativos para depreciar, ofender, humilhar, como, por exemplo, *retardado, lerda, surdinho, aleijado*.

( ) Uma tarefa fundamental é organizar as escolas para a eliminação das barreiras e o fortalecimento das relações entre a escola e a família.

Agora, assinale a alternativa que indica a sequência correta:

a) F, F, V, F.

b) F, F, V, V.

c) F, V, V, V.

d) F, F, V, V

e) V, F, V, V.

4. Assinale a alternativa correta:

a) O atendimento educacional especializado pode fazer uso do *bullyng* nas modalidades da tecnologia assistiva, visando à realização de tarefas acadêmicas e à adequação do espaço escolar.

b) As escolas inclusivas também apresentam, em suas práticas educacionais e em seus discursos, possibilidades para que os alunos possam desenvolver suas autonomias.

c) O papel da escola é proporcionar uma cultura de participação e de colaboração entre os iguais.

d) A acessibilidade nos transportes indica a dificuldade de ir e vir de uma pessoa que usa cadeira de rodas.

e) A acessibilidade nas edificações, nos transportes, nas ruas e nos equipamentos urbanos, infelizmente, não está prevista em lei.

5. Visando à realização de tarefas acadêmicas e à adequação do espaço escolar, o atendimento educacional especializado pode fazer uso de que tipo de modalidades?
   a) Tecnologia assistiva.
   b) Inclusão.
   c) Tecnologia de base.
   d) Sistemas de diretrizes.
   e) Projeto político-pedagógico.

Atividades de aprendizagem

Questões para reflexão

1. Por meio da análise dos conceitos de autonomia, podemos inferir que as ações desenvolvidas nas escolas buscam a produção de sujeitos autônomos, capazes de autogestão e de superação da heteronomia (sujeição a uma lei exterior ou à vontade de outrem). As escolas inclusivas também apresentam, em seus discursos e em suas práticas educacionais, alternativas que possibilitam aos sujeitos o desenvolvimento de suas autonomias. As pessoas com deficiência precisam ser estimuladas a alcançar a autonomia para que possam sobreviver e conviver de maneira independente em sociedade. Pense em como a autonomia aparece na política nacional de educação especial na perspectiva da educação inclusiva.

2. Reflita e aponte sugestões para promover a acessibilidade atitudinal.

Atividade aplicada: prática

1. Reúna os funcionários de uma escola para uma conversa e pergunte o que eles sabem sobre o conceito de inclusão educacional e de acessibilidade. Anote suas respostas.

   Depois, apresente os conceitos de inclusão educacional e de acessibilidade e, novamente, discuta se houve mudança de percepção. Anote as informações e as compare. Registre seu trabalho.

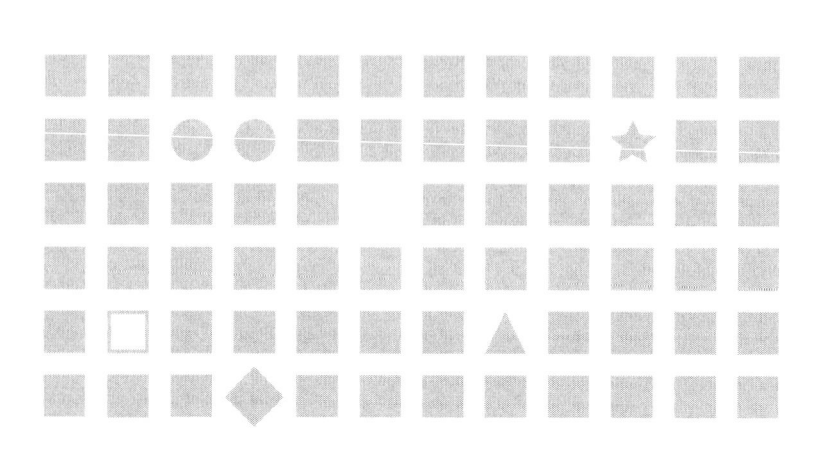

Capítulo 6

Aspectos gerais do atendimento educacional especializado

Este capítulo trata dos aspectos gerais do atendimento educacional especializado (AEE) e está organizado para fornecer fundamentos e ideias de como agir na prática com os alunos que apresentam deficiência física.

Assim, inicialmente, iremos caracterizar o atendimento educacional especializado. Em seguida, daremos algumas ideias de recursos utilizados no AEE. Será necessário abordar sobre o AEE e atividades de vida diária, bem como a adequação postural do aluno com deficiência física.

6.1 Caracterização do atendimento educacional especializado

Inicialmente, vamos explicar o que é educação especial. Nas Diretrizes da Política Nacional de Educação Especial na Perspectiva da Educação Especial, elaborada em 2008, encontramos as seguintes definições:

> A educação especial é uma modalidade de ensino que perpassa todos os níveis, etapas e modalidades, realiza o atendimento educacional especializado, disponibiliza os serviços e recursos próprios desse atendimento e orienta os alunos e seus professores quanto a sua utilização nas turmas comuns do ensino regular.
>
> O atendimento educacional especializado identifica, elabora e organiza recursos pedagógicos e de acessibilidade que eliminem as barreiras para a plena participação dos alunos, considerando as suas necessidades específicas. As atividades desenvolvidas no atendimento educacional especializado

diferenciam-se daquelas realizadas na sala de aula comum, não sendo substitutivas à escolarização. Esse atendimento complementa e/ou suplementa a formação dos alunos com vistas à autonomia e independência na escola e fora dela. (Brasil, 2008, p. 16)

O AEE é feito, de preferência, nas escolas comuns, em um espaço físico denominado *sala de recursos multifuncionais* (SRM). São atendidos, nessas salas, alunos da educação especial, conforme estabelecido na Política Nacional de Educação Especial na Perspectiva da Educação Inclusiva (Brasil, 2008) e no Decreto 7.611, de 17 de novembro de 2011, ou seja, alunos com deficiência, transtorno do espectro autista (TEA) e altas habilidades/superdotação devem ser atendidos na SRM (Brasil, 2011).

Com a finalidade de orientar a organização dos sistemas educacionais inclusivos, o Conselho Nacional de Educação (CNE) publicou a Resolução n. 4, de 2 de outubro de 2009 (Brasil, 2009b), que instituiu as Diretrizes Operacionais para o Atendimento Educacional Especializado (AEE) na Educação Básica. Esse documento define o caráter complementar ou suplementar do AEE e o público-alvo da educação especial, prevendo sua institucionalização no projeto político-pedagógico da escola.

Figura 6.1 – Diferença entre atendimento suplementar e atendimento complementar

Atendimento suplementar	Atendimento complementar
É aquele que visa suplementar a aprendizagem dos alunos com altas habilidades/superdotação por meio de enriquecimento curricular nas áreas em que o estudante apresenta grande interesse, facilidade ou habilidade.	É aquele que visa complementar a formação dos estudantes com deficiência e transtorno do espectro autista (TEA). Isso significa trabalhar com os recursos que possibilitem ao aluno transpor barreiras impostas à sua aprendizagem na classe comum. Para aqueles com deficiência física, foco do nosso estudo, o AEE visa à confecção de materiais para que ele possa, por exemplo, se comunicar com autonomia, como é o caso das pranchas de comunicação alternativa. É importante ensiná-lo a utilizar as tecnologias assistivas necessárias, entre outras atividades pedagógicas.

Assim, é esperado que o professor do AEE realize um trabalho articulado com os demais professores das classes comuns, para que essas ações não se atenham apenas à SRM, mas a toda a escolarização do aluno; portanto a conscientização e engajamento de todos são necessários.

Diante disso, é preciso compreender que o ato de educar, no contexto de uma escola que se propõe a incluir, exige persistência e participação de toda a comunidade escolar, tanto na identificação quanto na proposição de mudanças necessárias e na superação de dificuldades para que a participação e a aprendizagem dos alunos, com e sem deficiência, seja expressiva e significativa.

No caso do aluno com deficiência física, é necessário criar as condições apropriadas à sua locomoção, à sua comunicação, ao seu conforto e à sua segurança. O AEE, ministrado, preferencialmente, nas escolas do ensino regular, deverá realizar uma seleção de recursos e técnicas adequados a cada tipo de comprometimento, porque o objetivo é que o aluno com deficiência física tenha um atendimento especializado capaz de melhorar a sua comunicação e a sua mobilidade (Brasil, 2009a).

A **matrícula no AEE** é condicionada à matrícula no ensino regular. Esse atendimento pode ser oferecido em Centros de Atendimento Educacional Especializado da rede pública ou da rede privada, sem fins lucrativos. Contudo, esses centros devem estar de acordo com as orientações da Política Nacional de Educação Especial na Perspectiva da Educação Inclusiva (Brasil, 2008) e com as Diretrizes Operacionais da Educação Especial para o Atendimento Educacional Especializado na Educação Básica (Brasil, 2009a).

Na perspectiva da educação inclusiva, as escolas especiais e os centros especializados têm de recorrer à construção de uma proposta pedagógica que institua, nesses espaços, principalmente, serviços de apoio às escolas para a organização das SRM e para a formação continuada dos professores do AEE.

Outra situação prevista nas diretrizes é que o AEE deve ser realizado na própria escola do aluno, possibilitando que suas necessidades educacionais específicas possam ser atendidas e discutidas no dia a dia escolar e com todos os que atuam no ensino regular e/ou na educação especial, aproximando o aluno dos ambientes de formação comum a todos. Para os pais, "quando o AEE ocorre nessas circunstâncias, propicia-lhes viver uma experiência inclusiva de desenvolvimento e de escolarização de seus filhos, sem ter de recorrer a atendimentos exteriores à escola". (Ropoli et al., 2010, p. 18).

Segundo a Diversa (2019b), na caracterização do AEE, é necessário observar que:

- O público-alvo do AEE é composto de alunos com algum tipo de deficiência, os que têm TEA e os que apresentam altas habilidade/superdotação, portanto não fazem parte alunos com dificuldades de aprendizagem ou com problemas comportamentais.
- Não existe AEE se o caráter for substitutivo; sendo assim, ele não é ofertado em escolas ou em classes especiais.
- O atendimento educacional especializado não é reforço escolar.
- O professor do AEE não trabalha sozinho, a aprendizagem do aluno é resultado da equipe escolar.
- O profissional de AEE não pode se pautar somente no laudo do aluno, portanto o parecer médico é mais uma das informações que o professor terá a seu dispor.

6.2 Recursos do AEE para alunos com deficiência física

A organização da escola e do AEE é importante para a qualidade do ensino, uma vez que o funcionamento do AEE e sua dinâmica no cotidiano escolar podem revelar diversos aspectos da implementação das políticas públicas nacionais, a maneira como se organiza a rede de ensino do local e o próprio funcionamento da escola. Alguns aspectos não podem ser mudados, pois estão definidos na legislação, porém outros estão sujeitos a fatores como quantidade de alunos, aspectos físicos do espaço, localização da escola, entre outros (Oliveira, 2015).

O AEE acontece na sala de recursos e, nela, o professor especializado lança mão de estratégias, metodologias e materiais para atender ao aluno.

A organização do AEE considera as peculiaridades e as possibilidades de cada aluno, porque, mesmo que apresentem mesma deficiência, os estudantes podem necessitar de atendimentos diferenciados. Nessa direção, para planejar o atendimento, é necessário, primeiro, conhecer o aluno, sua história de vida, individualidade, seus desejos e suas diferenças. Na sequência, pode-se tomar conhecimento das causas, do diagnóstico e do prognóstico da deficiência do aluno.

Antes da deficiência e do diagnóstico, vem a pessoa, por isso, é recomendável que o profissional conheça o aluno primeiro e, depois, a deficiência e seus desdobramentos (Ropoli et al., 2010).

Ainda na organização do AEE, é possível atender aos alunos em pequenos grupos, se suas necessidades forem comuns. É possível observar que algum aluno precisará frequentar o

AEE mais vezes na semana do que outros. O professor deve compreender que não existe um percurso definido, um roteiro, um guia, um procedimento padrão de atendimento previamente estabelecido, porque cada aluno tem um tipo de necessidade diferente do outro, com recursos a serem utilizados também distintos, assim como a duração de atendimento e um plano de ação diferenciado, que possam atender a sua demanda de aprendizagem e garantir sua participação nas atividades escolares (Oliveira, 2019).

6.2.1 A sala de recursos multifuncionais

As salas de recursos multifuncionais (SRM) são espaços dentro nas escolas de educação básica nos quais se realiza o AEE e devem dispor de mobiliários, materiais didáticos e pedagógicos, recursos de acessibilidade e equipamentos específicos para o atendimento dos alunos que são alvo da educação especial, no contraturno escolar.

> O Ministério da Educação, com o objetivo de apoiar as redes públicas de ensino na organização e na oferta do AEE e contribuir com o fortalecimento do processo de inclusão educacional nas classes comuns de ensino, instituiu o Programa de Implantação de Salas de Recursos Multifuncionais, por meio da Portaria Nº. 13, de 24 de abril de 2007. (Ropoli et al., 2010, p. 31).

Espaço privilegiado do AEE, a SRM torna real e concreto, em nível escolar, as finalidades da Política Nacional de Educação Especial, seja pelo conjunto de meios e recursos que nela estão à disposição do aluno com deficiências, seja, sobretudo, pelo fato de que é na escola comum que a SRM deve funcionar (Sartoretto; Bersch, 2010).

O atendimento em SRM é realizado por professor com formação específica num espaço provido de tecnologia assistiva e de materiais e recursos pedagógicos adequados às necessidades educacionais dos alunos que apresentam dificuldades acentuadas em relação à aprendizagem.

Os muitos recursos disponíveis na AEE são as **tecnologias assistivas**, que podem ser: materiais didáticos e pedagógicos acessíveis (livros, desenhos, mapas, imagéticos, digitais, entre outros); recursos de acessibilidade ao computador; recursos para mobilidade, localização e sinalização; mobiliário que atenda às necessidades posturais; tecnologias de informação e de comunicação (TIC) acessíveis (mouses e acionadores, teclados com colmeias, entre outros); recursos ópticos; pranchas de comunicação aumentativa e alternativa (CAA); e outros materiais como engrossadores de lápis, ponteira de cabeça, plano inclinado, tesouras acessíveis, quadro magnético com letras imantadas (Brasil, 2009a).

6.2.2 Tecnologia assistiva

Tecnologia assistiva (TA) é uma expressão utilizada para identificar todo o arsenal de recursos e serviços que contribuem para proporcionar ou ampliar habilidades funcionais de pessoas com deficiência e, consequentemente, promover vida independente e inclusão (Bersch, 2007, p. 31).

A TA é um recurso utilizado para expandir ou permitir a realização de uma atividade por uma pessoa com deficiência. Na perspectiva da educação inclusiva, a TA torna possível a participação do aluno com deficiência nas diferentes atividades do dia a dia escolar (Bersch, 2017).

Os **recursos** são todo e qualquer item, equipamento (ou parte dele), produto ou sistema, fabricado em série ou sob medida, utilizado para aumentar, manter ou melhorar as capacidades funcionais das pessoas com deficiência. Os **serviços** são aqueles que auxiliam, diretamente, uma pessoa com deficiência a selecionar, comprar ou usar os recursos (Sartoretto; Bersch, 2017).

Na Figura 6.2, são mostrados exemplos de recursos e de serviços.

Figura 6.2 – Exemplos de recursos e de serviços

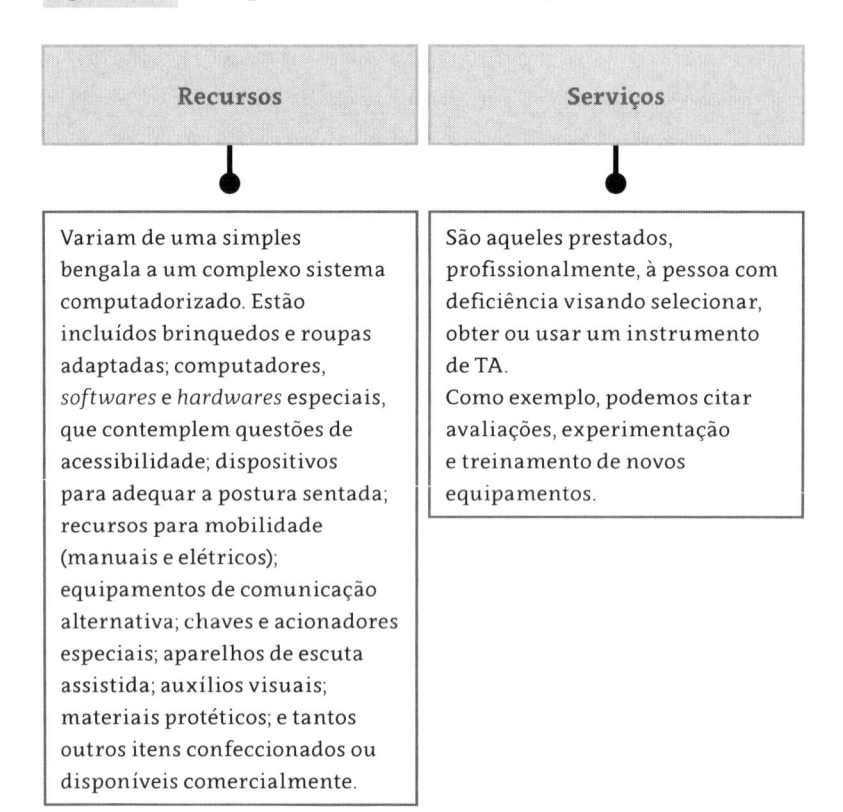

Recursos	Serviços
Variam de uma simples bengala a um complexo sistema computadorizado. Estão incluídos brinquedos e roupas adaptadas; computadores, *softwares* e *hardwares* especiais, que contemplem questões de acessibilidade; dispositivos para adequar a postura sentada; recursos para mobilidade (manuais e elétricos); equipamentos de comunicação alternativa; chaves e acionadores especiais; aparelhos de escuta assistida; auxílios visuais; materiais protéticos; e tantos outros itens confeccionados ou disponíveis comercialmente.	São aqueles prestados, profissionalmente, à pessoa com deficiência visando selecionar, obter ou usar um instrumento de TA. Como exemplo, podemos citar avaliações, experimentação e treinamento de novos equipamentos.

Os serviços de TA são normalmente transdisciplinares, envolvendo profissionais de diversas áreas, tais como: arquitetura, *design*, educação, enfermagem, engenharia, fisioterapia, fonoaudiologia, medicina, psicologia, terapia ocupacional e técnicos de muitas outras especialidades.

Objetivos da TA

Possibilitar à pessoa com deficiência a ampliação de fatores como comunicação, mobilidade, habilidades de seu aprendizado, controle do ambiente, trabalho e integração com a família e amigos. Enfim, qualidade de vida, que resulte em maior independência, autonomia e inclusão social (Sartoretto; Bersch, 2017).

> A TA se organiza em modalidades e essa forma de classificação varia conforme diferentes autores ou instituições que trabalham com a TA. A organização por modalidades ou especialidades, contribui para o desenvolvimento de pesquisas, recursos, especializações profissionais e organização de serviços (Bersch, 2007, p. 36).

Os recursos de TA são classificados de acordo com objetivos funcionais, ou seja, para aquilo a que se destinam. A seguir, apresentamos as categorias e os objetivos funcionais descritos por Bersch (2017).

Modalidades (ou categorias) de tecnologia assistiva

a) Auxílios para a vida diária e a vida prática

Para o desempenho autossuficiente e independente de pessoas com deficiência física em afazeres do dia a dia, materiais e produtos específicos ou adaptados são essenciais para facilitar tarefas como alimentar-se, vestir-se e despir-se, tomar banho e executar outras necessidades pessoais. Entre esses utensílios, estão talheres adaptados, roupas modificadas para facilitar o vestir e o despir, velcro, recursos para transferência, barras de apoio etc.

b) Comunicação alternativa e aumentativa (CAA)

Para atender a pessoas incapazes de usar a palavra, falada ou escrita, em sua necessidade comunicativa, há ferramentas que possibilitam essa habilidade.

Destinada a atender pessoas sem fala ou escrita funcional ou em defasagem entre sua necessidade comunicativa e sua habilidade em falar, escrever e/ou compreender. Recursos como as pranchas de comunicação, construídas com simbologia gráfica (BLISS, PCS e outros), letras ou palavras escritas, são utilizados pelo usuário da CAA para expressar suas questões, desejos, sentimentos, entendimentos. A alta tecnologia dos vocalizadores (pranchas com produção de voz) ou o computador com softwares específicos e pranchas dinâmicas em computadores tipo tablets, garantem grande eficiência à função comunicativa (Bersch, 2017, p. 6)

c) Recursos para acesso ao computador e aos dispositivos móveis

Os recursos para acesso ao computador são constituídos de um conjunto de *hardware* e *software* pensado para tornar o computador acessível a pessoas com deficiência.

Enfatizamos, neste estudo, os dispositivos disponíveis para pessoas com deficiência física. Vejamos, na Figura 6.3, o que essa tecnologia inclui.

Figura 6.3 – Dispositivos de entrada e de saída disponíveis para uso do computador

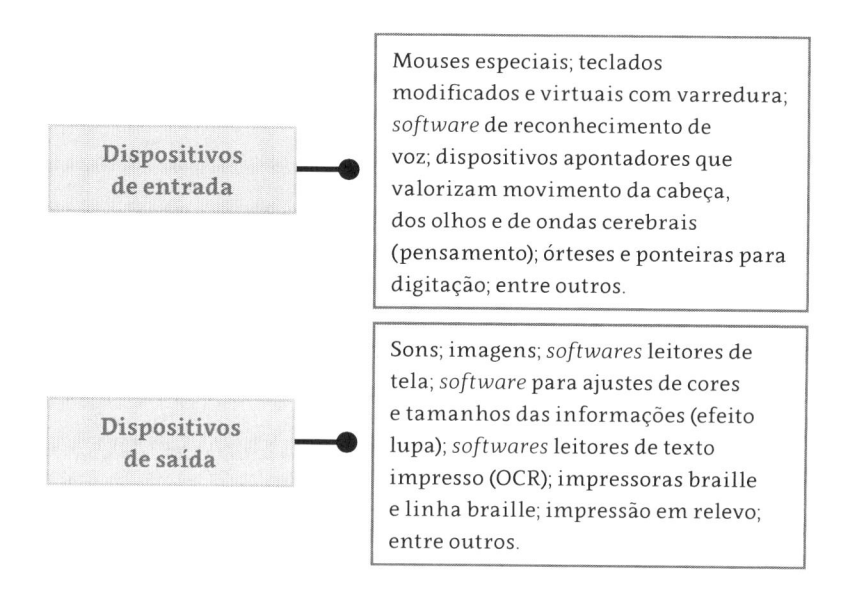

d) Materiais escolares e recursos pedagógicos com acessibilidade

Para alunos que necessitam de órteses e de outros dispositivos que auxiliam a utilização de lápis, caneta, pincel, borracha, apontador etc.; mobiliário escolar acessível; recursos que apoiam o registro de escrita, leitura, compreensão de conceitos e acesso ao conteúdo do texto impresso; promoção da mobilidade assistida ou autônoma.

e) Sistemas de controle de ambiente

Essa tecnologia utiliza de um sistema inteligente para atender a pessoas com deficiência física com limitações motoras significativas que podem, com o uso de controle remoto, monitorar situações do ambiente, como ligar, desligar e ajustar aparelhos eletroeletrônicos, luz, som, televisores, abrir e fechar portas e janelas, receber e fazer chamadas telefônicas, ativar sistemas de segurança, entre outros, localizados em qualquer lugar da casa e em seus arredores.

f) Projetos arquitetônicos para acessibilidade

São planejamentos que permitem às pessoas com deficiência física ocupar e desfrutar de espaços físicos, ou seja, residências, estabelecimentos comerciais e espaços públicos, como ruas, calçadas, parques, museus e escolas, facilitando sua locomoção.

Projetos de edificação e urbanismo que garantem acesso, funcionalidade e mobilidade a todas as pessoas, independentemente de sua condição física e sensorial. Adaptações estruturais e reformas na casa e/ou ambiente de trabalho, através de rampas, elevadores, adequações em banheiros, mobiliário entre outras, que retiram ou reduzem as barreiras físicas (Bersch, 2017, p. 8)

g) Órteses e próteses

A prótese é um componente artificial que substitui alguma parte faltante do corpo, que foi amputada ou não funciona como deveria.

A órtese é um apoio, dispositivo médico ou aparelho externo aplicado a alguma parte do corpo cuja função é assegurar um posicionamento mais adequado e estabilizar as partes do corpo que estejam acometidas. Desenvolvida e confeccionada sob medida, em conjunto com técnicos em ortopedia, médicos e fisioterapeutas, uma órtese serve de auxílio aos movimentos e às funções manuais (escrita, utilização de talheres, digitação, manejo de objetos para higiene pessoal), ao alinhamento estrutural da postura, não só da coluna vertebral mas também dos pés, dos joelhos e do quadril, entre outros.

h) Adequação postural

A postura ideal pressupõe equilíbrio mecânico entre as forças que sustentam e conduzem o corpo e a ação da gravidade. Nesse sentido, quando há alterações neuromusculares, de tônus muscular ou má-formações, é necessária uma intervenção para corrigir e prevenir deformidades. Considerando-se essas situações, o planejamento de adequação postural se refere à escolha de materiais que possibilitem equilíbrio e posturas adequadas, estáveis e funcionais.

Para os que usam cadeiras de rodas, por exemplo, são considerados materiais como assentos, encostos, apoios para a cabeça, apoios para os pés, acessórios, rodas e ainda as medidas antropométricas como peso e alterações musculoesqueléticas conforme a evolução terapêutica da pessoa.

i) Auxílios de mobilidade

São facilitadores da mobilidade como as muletas, os andadores, as cadeiras de rodas manuais e elétricas ou qualquer equipamento, tecnologia ou ação utilizada para promover a mobilidade da pessoa com deficiência física.

j) Mobilidade em veículos

Equipamentos que permitem que uma pessoa com deficiência física faça uso de um automóvel tanto como passageira quanto como motorista (quando habilitada), seja particular, seja de transporte coletivo.

Acessórios que possibilitam uma pessoa com deficiência física dirigir um automóvel, facilitadores de embarque e desembarque como elevadores para cadeiras de rodas (utilizados nos carros particulares ou de transporte coletivo), rampas para cadeiras de rodas, serviços de autoescola para pessoas com deficiência. (Bersch, 2017, p. 11).

k) Esporte e lazer

Recursos que auxiliam e tornam viável a prática de esporte, como cadeiras de rodas esportivas para a prática do basquetebol ou *rugby*, a participação em atividades físicas, com adaptações nos equipamentos das academias, ou de lazer, como adequações em barcos.

Portanto, a TA, na perspectiva do processo de inclusão escolar, vai além da instrumentalização pedagógica e tecnológica do aluno com deficiência. Na educação, ela será o meio pelo qual esse aluno poderá fazer do seu jeito os seus processos de desenvolvimento e de aquisição de conhecimentos (Schirmer et al., 2007).

Entre as modalidades de TA apresentadas, daremos destaque e desenvolveremos as seguintes:

- comunicação aumentativa e alternativa (CAA);
- atividades de vida diária no AEE;
- adequação postural no AEE.

6.2.3 Comunicação aumentativa e alternativa (CAA) no AEE

A comunicação é **aumentativa** quando o sujeito utiliza outro meio de comunicação para complementar ou compensar deficiências que a fala apresenta, mas sem substituí-la totalmente. A comunicação é **alternativa** quando o sujeito utiliza outro meio para se comunicar em vez da fala, porque não pode articular ou emitir sons adequadamente (Schirmer et al., 2007).

Como explica Bersch (2017, p. 6), ela é "destinada a atender pessoas sem fala ou escrita funcional ou em defasagem entre sua necessidade comunicativa e sua habilidade em falar, escrever e/ou compreender."

Assim, podemos compreender que a expressão *comunicação aumentativa*

refere-se à possibilidade de ampliar a comunicação oral através de outros meios de expressão. Já o termo comunicação alternativa é entendido como a possibilidade de expressão sem utilizar a língua falada e que é realizado por outros meios como através de gestos, símbolos, pranchas ou cartões de comunicação, escrita, desenhos, do computador com síntese de voz, etc. (Martins, 2011, p. 48)

Recursos de CAA

Os sistemas de CAA podem ser organizados em recursos que:

- não necessitam auxílio externo: sinais manuais, gestos, apontar, piscar de olhos, sorrir, vocalizar;
- necessitam auxílio externo: objeto real, miniatura, retrato, símbolo gráfico, letras e palavras, dispostos em recursos de baixa e de alta tecnologia.

Assim, o aluno da CAA sinaliza a mensagem que deseja expressar apontando para o recurso externo que será organizado para ele, como pranchas com símbolos, objetos e miniatura, além de utilizar seus gestos, vocalizações e demais expressões particulares.

O uso integrado de todos os recursos de comunicação, que são organizados de forma personalizada, é chamado de *sistema multimodal*. O **sistema multimodal** é aquele que utiliza e valoriza todas as formas expressivas do aluno, como gestos, expressão facial, olhar, vocalização, movimentos para apontar, entre outras possibilidades (Schirmer et al., 2007).

A seguir, veremos o que considerar ao projetar um recurso de CAA com base nas orientações do Ministério da Educação (Schirmer et al., 2007) e de Sartoretto (Sartoretto; Bersch, 2010).

- **Vocabulário:** o vocabulário a ser utilizado por determinado aluno em seu recurso de comunicação deve ser previamente selecionado. A escolha desse vocabulário leva em consideração dados da realidade concreta de cada aluno, como: idade, grupo de convívio, expressões naturalmente utilizadas por ele, itens que estão disponíveis em seu ambiente familiar, social e escolar, temas e conteúdo que estão sendo desenvolvidos na escola e manifestação de necessidades que são individuais. Para a seleção do vocabulário, é fundamental o envolvimento da criança, dos familiares, dos professores, da equipe diretiva, dos funcionários da escola, dos colegas e de todos aqueles que estarão, diretamente, engajados na utilização desse recurso.

- **Símbolos gráficos:** bibliotecas de símbolos gráficos são especialmente confeccionadas e disponibilizadas para a construção de recursos de comunicação. São imagens organizadas por categorias que expressam ideais, sentimentos, ações, coisas, lugares, pessoas, temas de conhecimentos, entre outras possibilidades de representação. Ao apontar para um símbolo gráfico, o aluno escolhe e expressa a mensagem que deseja comunicar.

- **Cartões de comunicação:** os cartões de comunicação são confeccionados com vocabulário variado e devem estar à disposição do aluno e dos parceiros de comunicação. Na sala de aula, os cartões precisam ser acessados e organizados rapidamente, de forma que a criança possa atuar, explorando e comunicando temas pertinentes quando estão sendo trabalhados por todo o grupo. Na Figura 5.4, há um cartão de comunicação com tarefas de autocuidado, com gravuras que indicam as tarefas a serem realizadas em uma determinada sequência, por exemplo. Nesse cartão, a sequência de número 1 indica para o João que, assim que o relógio despertar, ele deve sair da cama, vestir o roupão e calçar os chinelos.

Figura 6.4 – Cartão de comunicação

- **Pranchas de comunicação**: apresentam, de forma organizada, um conjunto de símbolos. Pode-se usar uma prancha na qual aparecem símbolos que indicam o assunto do qual se pretende falar. Essa prancha pode ser chamada de *índice*

ou *prancha principal*. Cada símbolo da prancha-índice pode ser desdobrado em outra prancha temática. Por exemplo, se o aluno apontar em sua prancha índice o assunto "Preciso de ajuda", recorre-se a outra prancha, chamada *temática*, que apresentará os símbolos que se referem às ajudas necessárias, como "ir ao banheiro", "precisar de remédio", entre outras. As pranchas temáticas abordam temas específicos como alimentação, escolha de atividades ou lugares, sentimentos e perguntas, ou ainda um conteúdo que está sendo trabalhado em aula. Na Figura 6.5, podemos visualizar uma prancha de comunicação com símbolos PCS (*picture communication symbol*, em português, "símbolos de comunicação pictórica"), ou seja, desenhos simples de fácil reconhecimento.

Figura 6.5 – exemplo de uma prancha de comunicação com símbolos

- **Avental/colete de comunicação**: confeccionado com um tipo de tecido ao qual o *velcro* adere, pode ser utilizado pelo professor ou por um acompanhante do aluno. Ele facilita a fixação de símbolos, palavras ou letras também com *velcro*, para que a criança responda a uma pergunta apontando ou olhando para o objeto "preso" ao avental. Podem ser usados cartões de símbolos, miniaturas de objetos, personagens de histórias, entre outros exemplos.

Figura 6.6 – Exemplo de avental de comunicação

Evandro Marenda

Fonte: Schirmer et al., 2007, p. 65.

- **Mesa com prancha**: sobre a mesa da sala de aula ou sobre a mesa fixa na cadeira de rodas, podemos colar uma prancha de comunicação e revesti-la com material plástico adesivo, favorecendo a conservação do material, como mostra a Figura 5.7. A mesa é um local de fácil acesso e a prancha permanece sempre próxima ao aluno. Na prancha fixada na mesa adaptada, o aluno aponta figuras ou letras para a construção de palavras ou para indicar ações, sentimentos, desejos etc.

Figura 6.7 – Prancha fixada na mesa

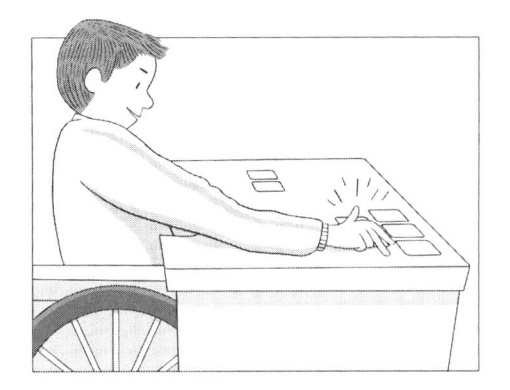

Evandro Marenda

Fonte: Brasil, 2004b, p. 16.

- **Computador**: por meio de *software* específico de comunicação alternativa, é possível construir pranchas de comunicação personalizadas e interligadas que podem ser utilizadas no próprio computador (que terá a função de um vocalizador) ou em vocalizadores específicos que utilizam esses programas. O aluno acessa a mensagem que deseja comunicar e esta é falada por voz sintetizada ou gravada.

- **Mouse estacionário de esfera**: possibilita o movimento do cursor na tela, exigindo menor controle motor fino por parte do aluno.

Figura 6.8 – Mouse estacionário de esfera

Evandro Marenda

- **Agenda de comunicação**: é um recurso criado para ampliar e qualificar a comunicação do aluno na escola, na família. Com a agenda, o aluno pode levar e trazer novidades e temas para serem compartilhados nos ambientes que frequenta.
- **Calendário personalizado**: como ilustrado na Figura 6.9, uma folha de calendário do mês de janeiro de 2011 foi personalizada com os símbolos PCS representativos do verão – no caso, guarda-sol e sorvete; símbolo da festa de Ano Novo, viagem, praia, chegada da vovó, aniversário e retorno a casa. Os símbolos foram aplicados sobre as datas desses eventos.

Figura 6.9 – Calendário personalizado

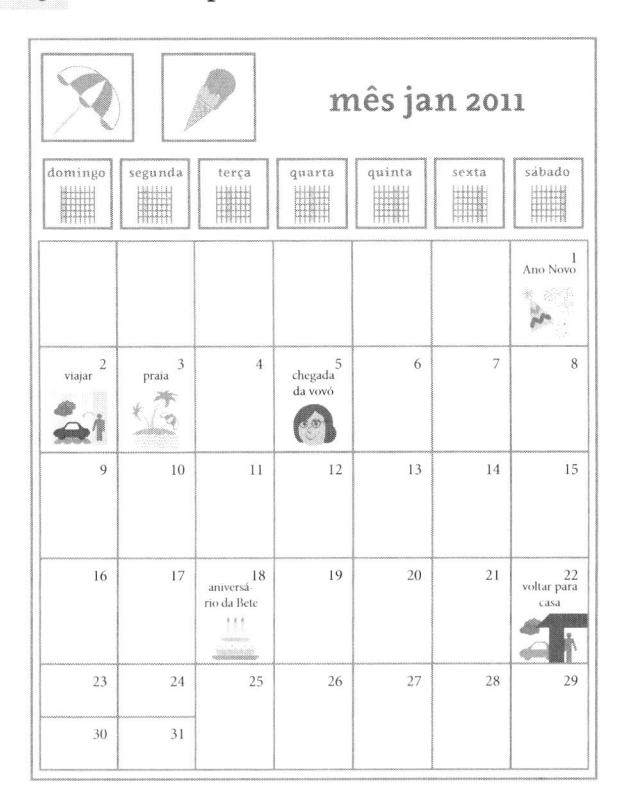

- **Vocalizadores**: são recursos de comunicação que emitem voz gravada ou sintetizada. Ao ser pressionado um símbolo, um botão ou uma tecla ou ser digitada uma palavra, ouvimos a mensagem a ser comunicada. Com o vocalizador, o aluno pode conversar com seus colegas, fazer perguntas, cumprimentar, fazer interpretações em teatro, responder a questões em uma avaliação, realizar escolhas, entre outras ações. O vocalizador é uma prancha com produção de voz que garante grande eficiência à função comunicativa.

Figura 6.10 – Vocalizador

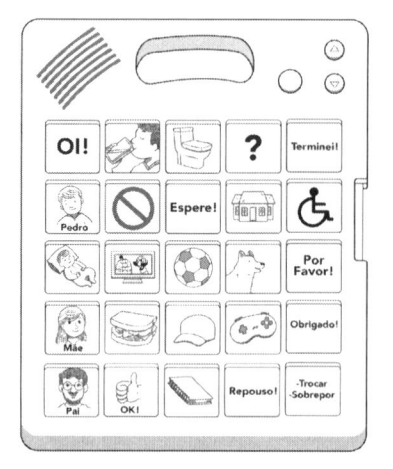

Evandro Marenda

- **Caderno de comunicação**: é utilizado para registro das atividades realizadas pelo aluno e seu objetivo é desenvolver a memória, a noção de tempo, a interação e a comunicação entre a criança e seus familiares.
- **Caderno de receitas**: atividades podem ser registradas nesse caderno, passo a passo como, por exemplo, uma receita a ser desenvolvida pelo aluno com os colegas.
- **Objeto de referência**: é um objeto concreto que será utilizado para antecipar as ações do dia. Por exemplo, uma caneca, representando o café da manhã; uma sacola, significando a ação de ir até a padaria; um prato, indicando o almoço; e uma escova de cabelo, uma pasta de dente e escova de dente, antecipando a higiene bucal e pessoal.
- **Livro**: um livro de história que trata sobre temas de ecologia e acompanhado de uma prancha temática, ou seja,

enquanto o aluno lê o livro, ele pode interagir utilizando a prancha que tem símbolos do mesmo tema do texto.

Figura 6.11 – Livro de história acompanhado de prancha temática

http://www.assistiva.com.br/cahtml

Depois de conhecer os elementos que devem ser considerados ao projetar-se um recurso de CAA, vejamos algumas recomendações:

- O trabalho de comunicação alternativa deve ter início logo que se manifestar uma defasagem entre a habilidade de uma pessoa em se comunicar e a necessidade imposta pelo meio e pelas relações que ela estabelece ou deseja estabelecer com os outros (Sartoretto; Bersch, 2010; Schirmer et al., 2007).
- Com relação ao aluno e ao formato final da ferramenta de CAA, é preciso avaliar as habilidades físicas, as habilidades cognitivas e o local onde ela será aplicada.
- O recurso deve ser fácil de transportar, personalizado e conter um vocabulário que dê conta das várias atividades

do cotidiano escolar. Por exemplo, uma prancha especí-fica para a aula de artes, para a de educação física e para o recreio, entre outras. Algumas pranchas podem ficar fixa-das em locais que serão utilizadas por mais alunos, como a cantina, o refeitório ou a biblioteca.

- É necessário conhecer os parceiros de comunicação da criança, ou seja, com quem o aluno irá se comunicar na escola e quais os requisitos que esses parceiros devem ter, bem como suas qualidades e/ou necessidades.
- Deve-se conhecer as tarefas do cotidiano escolar, no sentido de saber qual o objetivo dos vários recursos de comunicação (pranchas temáticas) e que vocabulário o aluno necessitará (quais os símbolos) em cada situação específica (Schirmer et al., 2007).

6.2.4 AEE e atividades de vida diária

Para que a criança com deficiência física adquira mais desen-voltura nas atividades do dia a dia, é necessário conhecer como as suas habilidades e as suas limitações interferem em seu desempenho motor e, consequentemente, no desenvolvimento de suas tarefas cotidianas.

Alguns indicadores relacionados a essa questão são avaliar se a criança consegue: manter-se em equilíbrio ao caminhar ou ficar parada em pé; alimentar-se sozinha e como o faz; ves-tir-se sem ajuda; entre outros. Além disso, deve-se observar as habilidades que são solicitadas na escola, tais como escrever, recortar, colar, jogar, entre outras. Há que se considerar tam-bém os contextos social, histórico e cultural em que o aluno está inserido e como tudo isso influencia ou se associa para o desempenho adequado das tarefas e dos papéis que ele exerce em seu cotidiano.

As atividades de vida diária (AVD) são aquelas tarefas que fazem parte da rotina de todos: higiene pessoal, vestir-se, cozinhar, arrumar a casa, lavar roupas etc. Assim é na escola ou no trabalho.

Essa modalidade de TA ocupa-se com o desenvolvimento de recursos que favoreçem funções desempenhadas pelas pessoas com deficiência em seu dia a dia, possibilitando a elas que realizem essas tarefas da melhor forma e com o máximo de independência possível.

Quando nos referimos à TA, esperamos resolver com criatividade as dificuldades funcionais de pessoas com deficiência e encontrar alternativas para que elas possam realizar as mesmas tarefas do cotidiano, mesmo que de outro modo. Para isso, é necessário introduzir ou modificar um recurso que favoreça o desempenho da atividade pretendida (Bersch, 2017; Schirmer et al., 2007).

As atividades de vida diária são definidas como

> tarefas de desempenho ocupacional que a pessoa realiza todos os dias, para preparar ou como adjuntas às tarefas de seu papel. Fazem parte das AVD a capacidade do indivíduo vestir-se, alimentar-se, tomar banho, pentear-se, habilidades como atender telefone, comunicar-se pela escrita, manipular correspondências, dinheiro, livros e jornais, além da própria mobilidade corporal, como a capacidade de virar-se na cama, sentar-se, mover-se ou transferir-se de um lugar para outro. (Velloso; Jardim, 2006, p. 581)

Segundo os autores, as AVD podem ser subdivididas em:

- **AVD básicas**: são todas as realizadas no dia a dia, de forma mecânica, como higiene pessoal, tomar banho, vestir-se, calçar-se e caminhar.
- **AVD instrumentais**: são as tarefas mais elaboradas de trabalho que necessitam de mais independência funcional, como cozinhar, organizar os armários, arrumar a cozinha, lavar e passar roupas.

Uma dificuldade motora interfere no desempenho das tarefas cotidianas, por isso a melhora no padrão motor reflete, de maneira positiva, na execução das funções.

Vejamos alguns exemplos de atividades que são realizadas no dia a dia:

- Se a pessoa anda, pode melhorar o padrão de marcha.
- Se for usuária de cadeiras de rodas, pode treinar para conseguir manejo e agilidade melhores.
- Treinar o *push-up*: é o ato da pessoa sair do assento, apoiando-se nos braços da cadeira e suspender-se – tirar os glúteos do assento da sua cadeira de rodas. Serve para aliviar as áreas de pressão, facilitar as transferências e fortalecer os músculos dos braços, como ilustra a Figura 6.12.

Na cadeira de rodas, é possível treinar as transferências, como: transferência totalmente dependente; transferência semi-independente: tábua + acompanhante; transferência independente com tábua e transferência independente.

Figura 6.12 – Treinamento do *push-up*

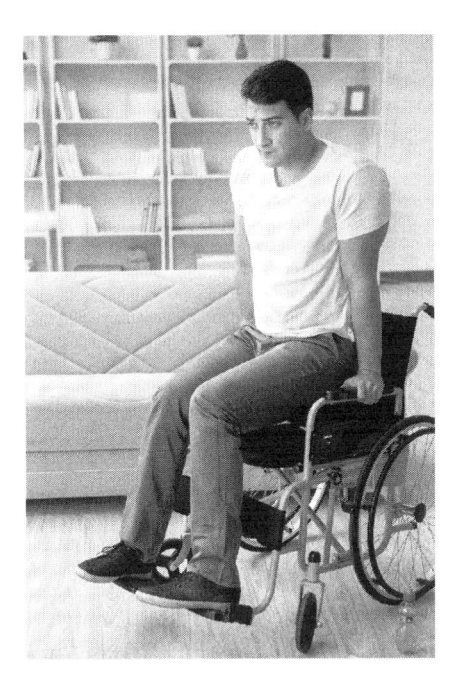

- Executar atividades de autocuidado, como escovar os dentes, tomar banho, alimentar-se, vestir-se etc.
- Brincar: a principal ocupação da criança é o brincar, extremamente importante para que ela se desenvolva tanto no aspecto motor quanto intelectual. Para isso, é fundamental ofertar brinquedos e brincadeiras adequadas à idade. O importante é que o ato de brincar tem de ser divertido, interessante e espontâneo (AACD, 2019).

Portanto, na atenção ao aluno com deficiência física, independentemente do contexto escolar, é importante conhecer as características da sua deficiência, os seus comprometimentos, os seus limites e as suas possibilidades. Essas ações são fundamentais para a proposição de um programa de ensino eficiente, que leve a processos de aprendizagem e de desenvolvimento adequados.

Nesse sentido, o cuidado com a criança com deficiência física não deve se limitar apenas ao treino de funções, ao restabelecimento do movimento alterado, ao aumento de força ou da amplitude articular, ou seja, a uma série de atividades que dizem respeito ao atendimento clínico; mas, com base nisso, propor alternativas, estímulos e ações para auxiliar o aluno a alcançar melhoras para agir com autonomia e independência.

É preciso lembrar que a deficiência, necessariamente, não está associada à dependência.

6.2.5 Adequação postural no AEE

A adequação postural "é uma das modalidades de tecnologia assistiva (TA). Ela se ocupa das avaliações, indicações e confecções de recursos que melhorem a postura e consequentemente a condição funcional de pessoas com deficiência" (Bersch, 2007, p. 111).

Um indivíduo só é capaz de conhecer o meio e manter sua atenção se estiver com a postura adequada e estável. O aluno com deficiência física precisa de recursos específicos para obter uma postura equilibrada e confortável, de modo que possa disponível para as questões de aprendizado (Barsottini, 2012).

Como aponta Barsottini (2012, p. 24), os objetivos da adequação postural são:

- normalização do tônus postural anormal
- prevenção de úlceras de pressão
- controle e prevenção de deformidades em contraturas musculares
- maior tolerância em permanecer na posição
- melhora da função, atenção e concentração
- melhora das funções respiratória, oral e digestiva
- diminuição da fadiga, possibilitando o uso mais adequado das mãos

Giacomini, Sartoretto e Bersch (2010) destacam que a adequação postural está relacionada aos seguintes aspectos:

- obtenção de um mobiliário adequado: no que se refere à escola, esse mobiliário diz respeito, principalmente, ao assento e ao encosto da cadeira, que devem proporcionar estabilidade e conforto ao aluno, além de condições melhores para participar das atividades ali desenvolvidas.
- a mesa escolar deve ser adequada, ter a altura apropriada, proporcionar o apoio de braços e, eventualmente, ter a possibilidade de inclinação do tampo ou abrigar a colocação de planos inclinados que sejam estáveis e fixos. Os alunos com deficiência física que permanecem muito tempo sentados devem ter a possibilidade de mudar de posição durante o tempo em que permanecem na escola. As crianças com diminuição da sensibilidade, quando ficam por muito tempo na mesma posição, tendem a potencializar as úlceras de decúbito (lesões na pele ou escaras) porque não se dão conta quando a pressão exercida pelo assento da cadeira sobre a pele, na região das proeminências ósseas, torna-se demasiada.

- no conceito de mobilidade, é possível pensar e delinear possibilidades de deslocamento com segurança e com o mínimo de esforço, no sentido de promover o acesso, que deve ser realizado preferencialmente de forma autônoma.

A inadequação postural e a falta de mobilidade dos alunos com deficiência física poderão se constituir em grandes barreiras para o aprendizado, pois, além de ter acesso aos espaços, é importante que a escola proporcione condições básicas de conforto e segurança, favorecendo a participação do aluno, nas várias atividades escolares. (Giacomini; Sartoretto; Bersch, 2010, p. 23)

Para auxiliar o professor do AEE a identificar problemas de adequação postural e mobilidade e encaminhar soluções nesse sentido, é preciso refletir sobre as questões destacadas abaixo (IPB, 2018, p. 60):

- O aluno manifesta dificuldade na respiração e sua expressão não é tranquila?
- É difícil alimentar o aluno em sua cadeira, sua cabeça permanece voltada para trás e ele tem dificuldades de engolir?
- O aluno mostra desconforto com sua cadeira, tenciona seu corpo e isto dificulta sua participação, atenção e exploração das atividades propostas para a turma?
- O aluno chega bem sentado, mas com o tempo sai da posição e não consegue retomar sozinho uma boa postura?
- A cadeira é muito grande e não lhe dá segurança e estabilidade? a cadeira é muito pequena e aparenta desconforto?

- O aluno tem dificuldade de manter a cabeça e o tronco em posição reta, sua coluna cai para frente e para os lados? Sustenta a cabeça?
- O aluno permanece sentado de forma aparentemente desconfortável, não muda de posição sozinho?
- A cadeira é muito alta e o aluno não consegue acessar a mesa com seus colegas?
- Há muita dificuldade de sustentar o tronco, e os cintos existentes não conseguem mantê-lo com conforto?
- As rodas da cadeira são pequenas impedindo que o aluno consiga mobilidade independente?
- A inclinação posterior da poltrona faz o aluno perder contato visual com seu material e precisaria nova alternativa de mesa?
- O apoio dos braços na mesa não é adequado por conta da desproporção nas alturas da cadeira e mesa?
- O aluno cansa ao utilizar seus recursos de mobilidade e com isso não acompanha os colegas?
- Os deslocamentos na escola são restritos por conta da falta de acessibilidade do prédio.

Considerando as questões acima, depois de identificadas as dificuldades em relação ao aluno, o profissional do AEE deve encaminhar as soluções. Nesse sentido, o professor especializado recorrerá às redes de apoio, ou seja, precisará realizar encaminhamentos à gestão escolar para aquisição ou adaptação das cadeiras de rodas e dos demais recursos de adequação postural, mobiliário e mobilidade. Vejamos algumas recomendações:

- O mobiliário escolar deverá ser adequado às necessidades da criança com deficiência e estar preparado na sala de modo a facilitar a livre circulação dos outros alunos da sala.
- Se o acesso às instalações da escola for inviável, devem ser realizadas reformas estruturais no prédio escolar, nas áreas de recreação, nos banheiros e nos demais espaços da instituição.
- Será imprescindível o envolvimento de profissionais que tenham conhecimentos nos princípios de desenho universal (ramo da arquitetura que idealiza o projeto de espaços e produtos considerando a diversidade de usuários e suas características).
- De acordo com a condição física e o acometimento de cada aluno, os profissionais da saúde, como fisioterapeutas, terapeutas ocupacionais e outros, devem auxiliar na indicação de cadeiras de rodas e de outros recursos necessários à mobilidade, bem como das medidas e das formas ideais, considerando diretrizes de segurança, ergonomia e funcionalidade.

É fundamental que o aluno cadeirante que passa grande parte do dia em uma mesma posição seja atendido em suas necessidades de conforto e estabilidade quando houver a prescrição de sistemas especiais de assentos e encostos que levem em consideração seus aspectos particulares, como medidas, peso e flexibilidade, ou alterações musculares e esqueléticas existentes. Para tanto, existe o serviço específico de TA cujo objetivo é recuperar o maior grau de funcionalidade e de autonomia de alunos com deficiência física. Para isso, contam com uma equipe que avalia a situação, prescreve e produz soluções e capacita o beneficiado na utilização do recurso indicado (Schirmer et al., 2007).

À medida que são construídas as condições básicas para a adequação da postura, do conforto e da segurança, os resultados práticos poderão ser, paulatinamente, percebidos no aluno, ou seja, a equipe de TA colabora para que o aluno aproveite seu potencial motor para a aprendizagem, tais como (IPB, 2018):

- a adequação do tônus muscular;
- a diminuição da atividade tônica reflexa (alunos com alterações neuromotoras apresentam também influência de atividade tônica reflexa, ou seja, determinados estímulos provocam reações corporais reflexas);
- a melhora de movimentos controlados e mais possibilidades de exploração de objetos e de participação em atividades variadas;
- o desenvolvimento do campo visual, do seguimento visual e da coordenação visomotora;
- a evolução da atenção e da concentração do aluno nas atividades. (IPB, 2018)

Figura 6.13 – exemplo de mesa adaptada

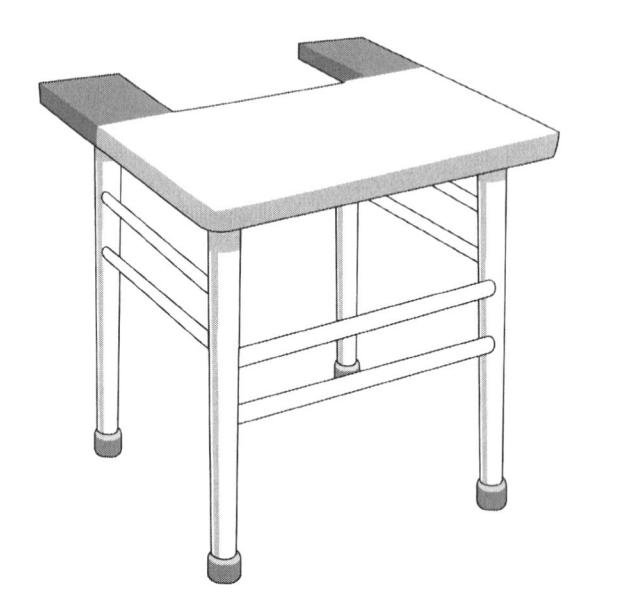

Evandro Marenda

Na Figura 6.13, vemos um exemplo de mesa para uso em escola adaptada para receber aluno usuário de cadeira de rodas.

Figura 6.14 – Exemplo de cadeira de rodas para o dia a dia

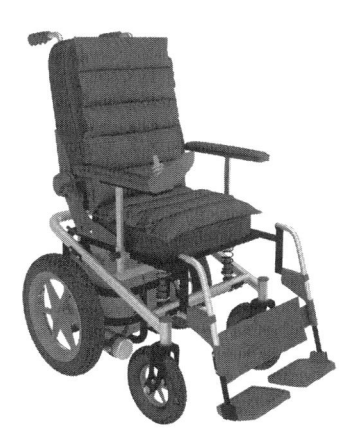

Alexey Yuldashev/Shutterstock

A Figura 6.14 mostra uma cadeira de rodas para o dia a dia, com encosto anatômico e assento em espuma anatomicamente bioformada, apoio de pés plano e cinto peitoral.

6.3 O profissional de AEE e sua contribuição para o processo inclusivo

A inclusão, como processo social amplo, vem acontecendo paulatinamente em todo o mundo e, efetivamente, a partir da década de 1950, como já comentamos anteriormente. Ressaltamos que, quando falamos em *inclusão*, estamos nos referindo a um processo que acolhe todas as diferenças, e não somente pessoas com deficiência.

Conforme Santos e Santiago (2003, p. 12),

> A inclusão é um processo infindável e sua proposta significa o engajamento coletivo dos profissionais da escola na minimização de barreiras à participação e à aprendizagem para todos os seus atores. Como defendemos que esse processo requer a construção de valores e princípios compartilhados entre todos, certamente o clima institucional tende a ser agradável, pois a valorização de todos implica em relações de cooperação e na participação de todos.

Portanto, a inclusão é a modificação dos indivíduos em sociedade (Cidade; Freitas, 2009).

Síntese

Neste capítulo, analisamos como funciona o atendimento educacional especializado (AEE) e também alguns temas relevantes para sua realização, mostrando como a política nacional de educação especial, na perspectiva inclusiva, traz possíveis avanços para a comunidade escolar. Entre essas possibilidades, destacamos a sala de recursos multifuncionais (SRM), local onde acontece o AEE.

Abordamos alguns dos inúmeros recursos utilizados na SRM. As tecnologias assistivas (TA), que são serviços e recursos, ganharam ênfase e, entre os recursos, chamamos a atenção para a comunicação aumentativa e alternativa (CAA), para as atividades de vida diária e para a adequação postural.

Por fim, analisamos o contexto em que o profissional de AEE trabalha, suas responsabilidades, suas competências, seu perfil e sua contribuição para o processo inclusivo na escola.

Indicação cultural

ESCRITORES da liberdade. Direção: Richard LaGravenese. Estados Unidos; Alemanha: Paramount Pictures, 2007. 123 min.

> O filme narra a história de uma professora que se empenha para inspirar e estimular seus alunos, que apresentam dificuldades de aprendizagem, em uma escola dividida por raças. Baseado em uma história real, o filme provoca uma reflexão sobre a relação entre educadores e educandos em que ambos ensinam e aprendem.

Atividades de autoavaliação

1. Quais avanços a Política Nacional de Educação Especial na Perspectiva da Educação Inclusiva trouxe para o cenário escolar?
   a) Ensino religioso e diversidade cultural.
   b) Técnicas pedagógicas de estilo desenvolvimentista.
   c) Sala de recurso multifuncional e engajamento coletivo.
   d) Conteúdos intelectivos e reforço escolar de qualidade.
   e) Exclusão e barreiras para a escola democrática

2. Leia com atenção as afirmativas a seguir e julgue-as verdadeiras (V) ou falsas (F).
   ( ) O atendimento educacional especializado acontece em turmas comuns do ensino regular.
   ( ) O atendimento educacional especializado é reforço escolar.

( ) O público alvo do atendimento educacional especializado são os alunos com algum tipo de deficiência, os que têm transtorno do espectro autista e os que apresentam altas habilidade/superdotação;

( ) O professor do atendimento educacional especializado trabalha sozinho em sua sala de aula. A aprendizagem do aluno é resultado do seu trabalho individual.

Agora, assinale a alternativa com a sequência correta:

a) V, V, V, F.
b) V, F, V, V.
c) V, F, F, F.
d) F, F, V, F.
e) V, F, V, F.

3. Quanto à comunicação aumentativa e alternativa, assinale a alternativa correta:

a) Diz-se que a comunicação é aumentativa quando o sujeito aumenta um outro meio de comunicação para aumentar a fala.

b) A comunicação é alternativa quando utiliza outro meio para se comunicar em vez da fala, porque o indivíduo não pode articular ou emitir sons adequadamente.

c) Gestos, sons, expressões faciais e corporais não devem ser valorizados nem utilizadas no cotidiano.

d) Os recursos de comunicação são pensados e construídos de forma totalmente generalizada e não consideram as características que atendem às necessidades do aluno.

e) A comunicação aumentativa e alternativa é destinada a auxiliar pessoas com fala e escrita funcional

4. Leia com atenção as afirmativas a seguir e julgue-as verdadeiras (V) ou falsas (F).

   ( ) Realizar higiene pessoal, tomar banho, vestir-se, calçar-se e deambular são atividades de vida diária básicas II.

   ( ) Cozinhar, guardar utensílios em armários, arrumar a cozinha, lavar roupas são atividades de vida diária instrumentais.

   ( ) A adequação postural é uma das modalidades de tecnologia assistiva.

   ( ) A inadequação postural e a falta de mobilidade dos alunos com deficiência física não atrapalham em nada o aprendizado.

   Agora, assinale a alternativa com a sequência correta:

   a) F, V, V, F.
   b) V, V, V, V.
   c) V, V, V, F.
   d) V, V, F, F.
   e) V, F, V, F.

5. Entre as afirmativas sobre a inclusão a seguir, assinale a correta:

   a) Propõe que teoria e prática sejam tratadas de forma separadas.
   b) Os professores podem ter qualquer formação.
   c) É um processo de engajamento coletivo e requer a construção de valores e princípios compartilhados entre todos.

d) Uma sala equipada é suficiente para que o processo inclusivo aconteça e avance.

e) No processo inclusivo não há mudanças nas mentalidades das pessoas envolvidas.

Atividades de aprendizagem

Questões para reflexão

1. Como é possível que o professor do atendimento educacional especializado realize um trabalho articulado com os professores da classe comum, para que suas ações não se atenham apenas à sala de recursos multifuncionais, mas a toda a escolarização do aluno?

2. Depois de analisar a formação de um professor de atendimento educacional especializado, indique qual o perfil mais adequado desse especialista?

Atividade aplicada: prática

1. Visite uma sala de recursos multifuncionais em uma escola regular. Observe e anote de quais recursos ela dispõe e entreviste o professor de atendimento educacional especializado sobre suas responsabilidades diárias. Anote aspectos positivos e negativos.

Considerações finais

Ao longo deste livro, procuramos, de forma acessível, abordar questões que consideramos fundamentais para iniciação ao conhecimento sobre a deficiência física.

Dentro de uma perspectiva de educação inclusiva que acolha as diversidades e as peculiaridades de alunos com deficiência física, será necessário o aprofundamento nesses e em outros temas correlatos.

Na caminhada da formação, entendemos que o maior desafio para os profissionais não é a apropriação do saber, mas a mudança interna que esse conhecimento pode proporcionar. Acreditamos que transformações de todos os envolvidos no trabalho com alunos com deficiência física precisam acontecer com base no conhecimento adquirido, em boas práticas e com atitudes positivas.

Tenha em mente que ainda temos muito a aprender em relação a cada tipo de comprometimento funcional/sensorial. Pense nas melhores possibilidades de atividades para cada fase e para cada tipo de comprometimento. Sempre reforçamos a necessidade de que todos os detalhes devem ser estudados e conhecidos.

Você já observou o quanto o esporte paralímpico pode nos ensinar em relação a limites? Reflita sobre como as atividades adequadas, o ambiente acessível e os materiais adaptados podem contribuir para cada uma das fases discutidas neste livro. Atente para quando os limites fazem parte, na verdade, de conceitos ultrapassados.

Com base nessas reflexões, compreenda que devemos, sim, conhecer e respeitar as características individuais e oferecer práticas com equidade. Portanto, leia várias vezes cada um dos capítulos, observe as indicações culturais e fique atento em relação às causas e às consequências de cada um dos compreendimentos discutidos.

E, acima de tudo, compreendendo melhor o assunto, você estará mais bem preparado para propiciar as melhores atividades e estimular todas as possibilidades funcionais e sensoriais em seus alunos.

Referências

AACD – Associação de Assistência à Criança com Deficiência. **Curso de cuidadores para pessoas com deficiência física**. Disponível em: <https://aacd.org.br/wp-admin/images/Apostila%20-%202%20Curso%20de%20Cuidadores%20-%20versao%20Site.pdf>. Acesso em: 8 nov. 2019.

AMARAL, L. A. **Conhecendo a deficiência (em companhia de Hércules)**. São Paulo: Robe, 1995.

_____. **Pensar a diferença/deficiência**. Brasília: Coordenadoria Nacional para Integração da Pessoa Portadora de Deficiência, 1994.

ASIA – American Spinal Injury Association. **International Standards for Neurological Classification of Spinal Cord Injury**. 2019. Disponível em: <https://asia-spinalinjury.org/wp-content/uploads/2019/10/ASIA-ISCOS-Worksheet_10.2019_PRINT-Page-1-2.pdf/>. Acesso em: 5 nov. 2019.

ASSAD, N. Afinal, o que é a mídia e para que ela serve? 28 jun. 2013. Disponível em: <http://nancyassad.com.br/afinal-o-quee-a-midia-e-para-o-que-ela-serve/>. Acesso em: 8 jun. 2019.

BARSOTTINI, L. H. Adequação postural: colaborando com o aprendizado. In: SÃO PAULO (Estado). Secretaria da Educação. Núcleo de Apoio Pedagógico Especializado – CAPE. **Entendendo a deficiência física**. São Paulo, 2012. p. 23-28.

BENJAMIN, E. J. et al. Heart Disease and Stroke Statistics: 2018 Update – a Report from the American Heart Association. **Circulation**, v. 137, p. e-67-e492, 2018. Disponível em: <http://circ.ahajournals.org/content/137/12/e67.short>. Acesso em: 5 nov. 2019.

BERSCH, R. AEE: alinhamento estabilidade postural – colaborando com as questões do aprendizado. Parte 1. Disponível em: <http://silvanapsicopedagoga.blogspot.com/2012/03/alinhamento-aee-estabilidade-postural.html>. Acesso em: 11 nov. 2019.

_____. **Introdução à tecnologia assistiva**. Porto Alegre, 2017. Disponível em: <http://www.assistiva.com.br/Introducao_Tecnologia_Assistiva.pdf>. Acesso em: 7 nov. 2019.

_____. Tecnologia assistiva: TA. In: SCHIRMER, C. R. et al. **Atendimento educacional especializado**: deficiência física. Brasília: Seesp; Seed; MEC, 2007. P. 31-40. Disponível em: <http://portal.mec.gov.br/seesp/arquivos/pdf/aee_df.pdf>. Acesso em: 4 nov. 2019.

BRASIL. Constituição (1988). **Diário Oficial da União**, Brasília, DF, 5 out. 1988.

BRASIL. Decreto n. 3.298, de 20 de dezembro de 1999. **Diário Oficial da União**, Poder Executivo, Brasília, DF, 21 dez. 1999. Disponível em: <http://www.planalto.gov.br/ccivil_03/decreto/d3298.htm>. Acesso em: 28 out. 2019.

BRASIL. Decreto n. 5.296, de 2 de dezembro de 2004. **Diário Oficial da União**, Poder Executivo, Brasília, DF, 3 dez. 2004. Disponível em: <http://www.planalto.gov.br/ccivil_03/_Ato2004-2006/2004/Decreto/D5296.htm>. Acesso em: 11 nov. 2019.

BRASIL. Decreto n. 6.571, de 17 de setembro de 2008. **Diário Oficial da União**, Poder Executivo, Brasília, DF, 18 set. 2008. Disponível em: <http://www.planalto.gov.br/ccivil_03/_ato2007-2010/2008/decreto/d6571.htm>. Acesso em: 11 nov. 2019.

BRASIL. Decreto n. 7.611, de 17 de novembro de 2011. **Diário Oficial da União**, Poder Executivo, Brasília, DF, 18 nov. 2011. Disponível em: <http://www.planalto.gov.br/ccivil_03/_ato2011-2014/2011/decreto/d7611.htm>. Acesso em: 7 nov. 2019.

BRASIL. INEP – Instituto Nacional de Estudos e Pesquisas Educacionais Anísio Teixeira. **Divulgados os resultados finais do Censo Escolar 2006**. 06 fev. 2007. Disponível em: http://portal.inep.gov.br/artigo/-/asset_publisher/B4AQV9zFY7Bv/content/divulgados-os-resultados-finais-do-censo-escolar-2006/21206. Acesso em: 21 nov. 2019.

BRASIL. Lei n. 9.394, de 20 de dezembro de 1996. **Diário Oficial da União**, Poder Legislativo, Brasília, DF, 23 dez. 1996. Disponível em: <http://www.planalto.gov.br/ccivil_03/leis/l9394.htm>. Acesso em: 7 nov. 2019.

BRASIL. Comissão Nacional do Ano Internacional das Pessoas Deficientes. **Relatório de Atividades**: Brasil. Brasília: MEC 1981. Disponível em: <http://www.dominiopublico.gov.br/download/texto/me002911.pdf>. Acesso em: 28 out. 2019. Acesso em: 5 nov. 2019.

BRASIL. Ministério da Educação. Portaria n. 25, de 19 de junho de 2012. **Diário Oficial da União**, Brasília, DF, 20 jun. 2012. Disponível em: <http://www.lex.com.br/legis_23452338_PORTARIA_N_25_DE_19_DE_JUNHO_DE_2012.aspx>. Acesso em: 5 nov. 2019.

BRASIL. Ministério da Educação. Portaria Normativa n. 13, de 24 de abril de 2007. **Diário Oficial da União**, Brasília, DF, 26 abr. 2009a. Disponível em: <http://portal.mec.gov.br/index.php?option=com_docman&view=download&alias=9935-portaria-13-24-abril-2007&Itemid=30192>. Acesso em: 5 nov. 2019.

BRASIL. Ministério da Educação. Conselho Nacional de Educação. Câmara de Educação Básica. Resolução n. 4, de 2 de outubro de 2009b. **Diário Oficial da União**, Brasília, DF, 5 out. 2009. Disponível em: <http://portal.mec.gov.br/dmdocuments/rceb004_09.pdf>. Acesso em: 5 nov. 2019.

BRASIL. Ministério da Educação. Fundo Nacional de Desenvolvimento da Educação. Resolução CD/FNDE n. 19, de 21 de maio de 2013. **Diário Oficial da União**, Brasília, DF, 22 maio 2013a. Disponível em: <https:// www.fnde.gov.br/index.php/acesso-a-informacao/institucional/ legislacao/item/4544-resolu%C3%A7%C3%A3o-cd-fnde-n%C2%BA-18,-de-21-de-maio-de-2013>. Acesso em: 5 nov. 2019.

BRASIL. Ministério da Educação. Ministério do Desenvolvimento Social e de Combate à Fome. Ministério da Saúde. Secretaria Especial dos Direitos Humanos. Portaria Normativa Interministerial n. 18, de 24 de abril de 2007. **Diário Oficial da União**, Brasília, DF, 26 abr. 2007. Disponível em: <http://portal.mec. gov.br/arquivos/pdf/bpc.pdf>. Acesso em: 7 nov. 2019.

BRASIL. Ministério da Educação. Secretaria de Educação Continuada, Alfabetização, Diversidade e Inclusão. Diretoria de Políticas de Educação Especial. **A consolidação da inclusão escolar no Brasil**: 2003 a 2016. Brasília: Ministério da Educação, 2016. Disponível em: <http://twixar.me/3LKT>. Acesso em: 7 nov. 2019.

BRASIL. Ministério da Educação. Secretaria de Educação Continuada, Alfabetização, Diversidade e Inclusão. **Política nacional de educação especial na perspectiva da educação inclusiva**. 2008. Disponível em: <http://portal.mec.gov.br/index.php?option=com_docman &view=download&alias=16690-politica-nacional-de-educacao-especial-na-perspectiva-da-educacao-inclusiva-05122014&Item id=30192>. Acesso em: 7 nov. 2019.

BRASIL. Ministério da Educação. Secretaria de Educação Especial. **Política nacional de educação especial**. Brasília: MEC/Seesp, 1994. Livro 1.

BRASIL. Ministério da Educação. Secretaria de Educação Especial. **Portal de ajudas técnicas para educação**: equipamento e material pedagógico para educação, capacitação e recreação da pessoa com deficiência física – recursos para comunicação alternativa. Brasília: MEC/Seesp, 2004b. Fascículo 2.

BRASIL. Ministério da Saúde. Secretaria de Atenção à Saúde. Departamento de Ações Programáticas Estratégicas. **Diretrizes de atenção à pessoa amputada**. Brasília: Ministério da Saúde, 2013b. Disponível em: <http://bvsms.saude.gov.br/bvs/publicacoes/diretrizes_atencao_pessoa_amputada.pdf>. Acesso em: 5 nov. 2019.

BRASIL. Ministério da Saúde. Secretaria de Atenção à Saúde. Departamento de Ações Programáticas Estratégicas. **Diretrizes de atenção à pessoa com lesão medular**. 2. ed. Brasília: Ministério da Saúde, 2015a. Disponível em: <http://bvsms.saude.gov.br/bvs/publicacoes/diretrizes_atencao_pessoa_lesao_medular_2ed.pdf>. Acesso em: 5 nov.2. 2019.

BRASIL. Ministério da Saúde. Secretaria de Atenção à Saúde. Departamento de Ações Programáticas Estratégicas. **Diretrizes de atenção à pessoa com paralisia cerebral**. Brasília: Ministério da Saúde, 2013c. Disponível em: <http://bvsms.saude.gov.br/bvs/publicacoes/diretrizes_atencao_paralisia_cerebral.pdf>. Acesso em: 31 out. 2019.

BRASIL. Ministério da Saúde. Secretaria de Atenção à Saúde. Departamento de Ações Programáticas Estratégicas. **Diretrizes de atenção à reabilitação da pessoa com traumatismo cranioencefálico**. Brasília: Ministério da Saúde, 2015b. Disponível em: <http://bvsms.saude.gov.br/bvs/publicacoes/diretrizes_atencao_reabilitacao_pessoa_traumatisco_cranioencefalico.pdf>. Acesso em: 5 nov. 2019.

BRASIL. Ministério da Saúde. Secretaria de Atenção à Saúde. Departamento de Ações Programáticas Estratégicas. **Política nacional de saúde da pessoa com deficiência**. Brasília: Ministério da Saúde, 2010. (Série B, Textos Básicos de Saúde). Disponível em: <http://bvsms.saude.gov.br/bvs/publicacoes/politica_nacional_pessoa_com_deficiencia.pdf>. Acesso em: 28 out. 2019.

BRASIL. Ministério da Saúde. Secretaria de Atenção à Saúde. Departamento de Atenção Especializada. **Manual de rotinas para atenção ao AVC**. Brasília: Ministério da Saúde, 2013d. Disponível em: <http://bvsms.saude.gov.br/bvs/publicacoes/manual_rotinas_para_atencao_avc.pdf>. Acesso em: 5 nov. 2019.

BRASIL. Presidência da República Casa Civil. Subchefia para Assuntos Jurídicos. Decreto n. 7.611, de 17 de novembro de 2011. **Dispõe sobre a educação especial, o atendimento educacional especializado**. Brasília, DF, 17 nov. 2011. Disponível em: http://www.planalto.gov.br/ccivil_03/_Ato2011-2014/2011/Decreto/D7611.htm. Acesso em: 21 nov. 2019.

BRIDI, F. R. de S. Formação continuada em educação especial: o atendimento educacional especializado **Poiésis**, Tubarão, v. 4, n. 7, p. 187-199, jan./jun. 2011. Disponível em: <http://www.portaldeperiodicos.unisul.br/index.php/Poiesis/article/view/655>. Acesso em: 11 nov. 2019.

CARMO, A. A. do. **Deficiência física**: a sociedade cria, "recupera" e discrimina. 2. ed. Brasília: MEC, 1991.

CARROLL, A. et al. Relevance of the International Spinal Cord Injury Basic Data Sets to Youth: an Inter-Professional Review with Recommendations. **Spinal Cord**, v. 55, n. 9, p. 875-881, Feb. 2017. Disponível em: <https://www.researchgate.net/publication/314132822_Relevance_of_the_international_spinal_cord_injury_basic_data_sets_to_youth_an_Inter-Professional_review_with_recommendations>. Acesso em: 5 nov. 2019.

CASTILHO, E. W. V. de. Direito à igualdade e à diversidade: condições de cidadania In: BRASIL. Ministério da Educação. Secretaria de Educação Especial. **Ensaios pedagógicos**. Brasília: Ministério da Educação, 2006. p. 55-60. Disponível em: <http://portal.mec.gov.br/seesp/arquivos/pdf/ensaiospedagogicos2006.pdf>. Acesso em: 7 nov. 2019.

CIDADE, R. E.; FREITAS, P. S. **Introdução à educação física adaptada para pessoas com deficiência**. Curitiba: Ed. da UFPR, 2009.

COLUNA vertebral, medula e meninges. **Fundamentos em Bio-Neuro Psicologia**. Disponível em: <http://bio-neuro-psicologia.usuarios.rdc.puc-rio.br/coluna-vertebral-e-medula.html>. Acesso em: 31 out. 2019.

CONWAY, K. M. et al. Application of the International Classification of Functioning, Disability and Health System to Symptoms of the Duchenne and Becker Muscular Dystrophies. **Disability and Rehabilitation**, v. 40, n. 15, p. 1773-1780, July 2018. Disponível em: <https://www.ncbi.nlm.nih.gov/pubmed/28395534>. Acesso em: 5 nov. 2019.

COSTA, E. S. Preconceito: o avesso do conhecimento. **Diversa**, 14 maio 2013. Disponível em: <http://diversa.org.br/artigos/preconceito-o-avesso-do-conhecimento/>. Acesso em: 7 nov. 2019.

DEMO, P. **Sociologia**: uma introdução crítica. 2. ed. São Paulo: Atlas, 1985.

DHILLON, J. K. et al. U. S. Estimates of Pediatric Spinal Cord Injury: Implications for Clinical Care and Research Planning. **Journal of Neurotrauma**, v. 34, n. 2, 15 June 2017. Disponível em: <https://www.liebertpub.com/doi/abs/10.1089/neu.2016.4774>. Acesso em: 5 nov. 2019.

DOMINGOS, J. et al. Dystrophinopathies and Limb-Girdle Muscular Dystrophies. **Neuropediatrics**, v. 48, n. 4, p. 262-272, 2017. Disponível em: <https://www.thieme-connect.com/products/ejournals/abstract/10.1055/s-0037-1601860>. Acesso em: 5 nov. 2019.

DUARTE, E.; WERNER, T. Conhecendo um pouco mais sobre as deficiências. In: COSTA, V. L. de M. (Coord.). Curso de atividade física e desportiva para pessoas portadoras de deficiência: educação à distância. Rio de Janeiro: ABT; UGF, 1995. v. 2.

DUTRA C. P.; GRIBOSKI, C. M. Educação inclusiva: um projeto coletivo de transformação do sistema educacional. In: BRASIL. Ministério da Educação. Secretaria de Educação Especial. **Ensaios pedagógicos**. Brasília: Ministério da Educação, 2006. p. 17-24. Disponível em: <http://portal.mec.gov.br/seesp/arquivos/pdf/ensaiospedagogico s2006.pdf>. Acesso em: 7 nov. 2019.

ELIAS, N. **A sociedade dos indivíduos**. Tradução de Vera Ribeiro. Rio de Janeiro: J. Zahar, 1994.

ELIAS, N.; SCOTSON, J. **Os estabelecidos e os outsiders**: sociologia das relações de poder a partir de uma pequena comunidade. Rio de Janeiro: Zahar, 2000.

EQUIPE DIVERSA. Atendimento educacional especializado (AEE) e sala comum: trabalho colaborativo para a inclusão. **Diversa**. 2017. Disponível em: <http://diversa.org.br/aee-e-sala-comum-trabalho-colaborativo-para-inclusao/>. Acesso em: 5 nov. 2019.

ESTRATÉGIAS pedagógicas. **Diversa**. Disponível em: <https://diversa.org.br/educacao-inclusiva/como-transformar-escola-redes-ensino/estrategias-pedagogicas/#contribuicao-aee>. Acesso em: 11 nov. 2019b.

FORGIARINI, R. R. A produção da autonomia no sujeito deficiente: contribuições da escola inclusiva. **Revista Educação por Escrito**, Porto Alegre, v. 3, n. 2, p. 51-63, dez. 2012. Disponível em: <http://revistaseletronicas.pucrs.br/ojs/index.php/porescrito/article/download/11241/8589>. Acesso em: 7 nov. 2019.

FRANÇA BISNETO, E. N. Deformidades congênitas dos membros superiores. Parte III: hipercrescimento; hipocrescimento; Streeter e outras. **Revista Brasileira de Ortopedia**, São Paulo, v. 48, n. 2, p. 121-2125, mar./abr. 2013. Disponível em: <http://www.scielo.br/scielo.php?script=sci_arttext&pid=S0102-36162013000200121&lng=en&nrm=iso&tlng=pt>. Acesso em: 5 nov. 2019.

GALLAHUE, D. L.; OZMUN, J. C.; GOODWAY, J. D. **Compreendendo o desenvolvimento motor**: bebês, crianças, adolescentes e adultos. 7. ed. Porto Alegre: AMGH, 2013.

GIACOMINI, L.; SARTORETTO, M. L.; BERSCH, R. de C. R. **A educação especial na perspectiva da inclusão escolar**: orientação e mobilidade, adequação postural e acessibilidade espacial. Brasília: Ministério da Educação/Secretaria de Educação Especial; Fortaleza: Universidade Federal do Ceará, 2010. (Coleção A Educação Especial na Perspectiva da Inclusão Escolar, v. 7).

GOFFMAN, E. **Estigma**: notas sobre a manipulação de identidade deteriorada. São Paulo: Zahar, 1988.

GOMES, P. B. M. B. Mídia, imaginário de consumo e educação. **Revista Educação & Sociedade**, ano XXII, n. 74, p. 191-207, abr. 2001. Disponível em: <http://www.scielo.br/pdf/es/v22n74/a11v2274.pdf>. Acesso em: 7 nov. 2019.

GOMES, V. M.; SILVA, D. V. A tecnologia assistiva como recurso para subsidiar a inclusão de crianças com mobilidade reduzida na rede regular de educação infantil. In: POKER, R. B.; NAVEGA, M. T.; PETITTO, S. (Org.). **Acessibilidade na escola inclusiva**: tecnologias, recursos e o atendimento educacional especializado. Marília: Oficina Universitária; São Paulo: Cultura Acadêmica, 2012. (Educação Especial na Perspectiva da Educação Inclusiva, v. 4).

HAYMOND, M. et al. Early Recognition of Growth Abnormalities Permiting Early Intervention. **Acta Pædiatrica**, v. 102, n. 8, p. 787-796, Apr. 2013. Disponível em: <http://onlinelibrary.wiley.com/doi/10.1111/apa.12266/full>. Acesso em: 5 nov. 2019.

HENDEL, G. do N. et al. Sala de recursos multifuncionais: a utilização de recursos pedagógicos e de acessibilidade no atendimento educacional especializado da criança com deficiência matriculada no ensino regular. In: COLÓQUIO LUSO-BRASILEIRO DE EDUCAÇÃO, 2., 2016, Joinville. Disponível em: <http://www.revistas.udesc.br/index.php/colbeduca/article/view/8452>. Acesso em: 11 nov. 2019.

HIRASE, H.; KOIZUMI, S. Astrocytes as Therapeutic Targets in Brain Diseases. **Neuroscience Research**, v. 126, p. 1-2, Jan. 2018. Disponível em: <https://www.sciencedirect.com/science/article/pii/S0168010217307319?via%3Dihub>. Acesso em: 4 nov. 2019.

HISLOP, H. J.; MONTGOMERY, J. **Provas de função muscular**: técnica de exame manual. 8. ed. Rio de Janeiro: Elsevier, 2008.

IFES – Instituto Federal do Espírito Santo. **Política de acessibilidade e atendimento educacional especializado para alunos de cursos a distância do Instituto Federal do Espírito Santo**. Vitória: Ifes, 2014. Disponível em: <https://cefor.ifes.edu.br/images/stories/Doc_Referentes-Ifes/Res_CS_47_2014_-_Anexo_Poltica_de_Acessibilidade_e_Atendimento_Educacional_Especializado_EAD.pdf>. Acesso em: 5 nov. 2019.

INSKIP, J. A. et al. A Community Perspective on Bowel Management and Quality of Life after Spinal Cord Injury: the Influence of Autonomic Dysreflexia. **Journal of Neurotrauma**, v. 35, n. 9, May 2018. Disponível em: <https://www.liebertpub.com/doi/full/10.1089/neu.2017.5343>. Acesso em: 11 nov. 2019.

KASSAR, M. de C. M. Marcas da história social no discurso de um sujeito: uma contribuição para a discussão a respeito da constituição social da pessoa com deficiência. **Cadernos Cedes**, ano 20, n. 50, p. 41-54, abr. 2000. Disponível em: <http://www.scielo.br/pdf/%0D/ccedes/v20n50/a04v2050.pdf>. Acesso em: 7 nov. 2019.

MANZINI, E. J.; DELIBERATO, D. **Portal de ajudas técnicas para educação**: equipamento e material pedagógico para educação, capacitação e recreação da pessoa com deficiência física – recursos para comunicação alternativa. Brasília: Ministério da Educação/Secretaria de Educação Especial, 2004. Disponível em: <http://portal.mec.gov.br/seesp/arquivos/pdf/comunicacao.pdf>. Acesso em: 11 nov. 2019.

MARCHESI, A.; MARTÍN, E. Da terminologia do distúrbio às necessidades educacionais especiais. In: COLL, C; PALACIOS, J.; MARCHESI, A. **Desenvolvimento psicológico e educação**: necessidades educativas especiais e aprendizagem escolar. Porto Alegre: Artes Médicas, 1995. p. 9-23.

MARQUES, A.; CIDADE, R,; LOPES, K. Questões da deficiência e as ações no programa Segundo Tempo. In: OLIVEIRA, A. A. B. de; PERIM, G. L. Peri (Org.) **Fundamentos pedagógicos do programa Segundo Tempo**: da reflexão à prática. Maringá: Eduem, 2009, p. 115-162.

MARTINS, A. M. Autonomia e educação: a trajetória de um conceito. **Cadernos de Pesquisa**, n. 115, p. 207-232, mar. 2002. Disponível em: <http://www.scielo.br/pdf/cp/n115/a09n115.pdf>. Acesso em: 5 nov. 2019.

MARTINS, D. S. **Design de recursos e estratégias em tecnologia assistiva para acessibilidade ao computador e à comunicação alternativa**. Dissertação (Mestrado em Design) – Universidade Federal do Rio Grande do Sul, Porto Alegre, 2011. Disponível em: <https://lume.ufrgs.br/handle/10183/38706>. Acesso em: 7 nov.

MAUERBERG-DECASTRO, E. **Atividade física adaptada**. Ribeirão Preto: Tecmedd, 2005.

MAVROGENIS, A. F. et al. Congenital Anomalies of the Limbs in Mythology and Antiquity. **International Orthopaedics**, v. 42, n. 4, p. 957-965, Apr. 2018. Disponível em: <https://link.springer.com/content/pdf/10.1007%2Fs00264-018-3776-3.pdf>. Acesso em: 5 nov. 2019.

MELO, A. M.; PUPO, D. T. **A educação especial na perspectiva da inclusão escolar**: livro acessível e informática acessível. Brasília: Ministério da Educação; Fortaleza: Universidade Federal do Ceará, 2010. (Coleção A Educação Especial na Perspectiva da Inclusão Escolar, v. 8).

MIDIA. In: **Significados**. Disponível em: <https://www.significados.com.br/midia/>. Acesso em: 11 nov. 2019.

MORAES, R. **Curso de acessibilidade**: um novo olhar sobre a cidade. Recife: Ibam, 2004.

MORAIS, G. B. et al. Recuperação da marcha em pacientes pós AVE. **Revista Científica Faema**, v. 9, n. 1, p. 325-328, 2018. Disponível em: <http://www.faema.edu.br/revistas/index.php/Revista-FAEMA/article/view/574>. Acesso em: 11 nov. 2019.

NETTER, F. H. **Atlas de anatomia humana**. 6. ed. Rio de Janeiro: Elsevier, 2014.

NOGUEIRA, M. I.; FERREIRA, F. R. M. Teorias, tecnologia e seu uso na compreensão do cérebro humano. Revista de História da Ciência. **Khronos**, ano 2, n. 2, p. 50-70, 2 jun. 2016. Disponível em: <https://www.revistas.usp.br/khronos/article/view/126102/122908>. Acesso em: 31 out. 2019.

ODA, J. Y.; SANT'ANA, D. de M. G.; CARVALHO, J. de. Plasticidade e regeneração funcional do sistema nervoso: contribuição ao estudo de revisão. **Arquivos de Ciências da Saúde da Unipar**, v. 6, n. 2, p. 171-176, maio/ago. 2002. Disponível em: <http://revistas.unipar.br/index.php/saude/article/view/1175/1037>. Acesso em: 4 nov. 2019.

OLIVEIRA, C. C. B. de. Organização do trabalho na escola e na sala de recursos multifuncionais. 2015. Disponível em: <http://ead.bauru.sp.gov.br/efront/www/content/lessons/60/Texto%201%20etapa%202%20-%20Organiza%C3%A7%C3%A3o%20do%20AEE.pdf>. Acesso em: 7 nov. 2019.

OMS – Organização Mundial da Saúde. **Classificação Internacional de Funcionalidade, Incapacidade e Saúde**. Tradução de Amélia Leitão. Lisboa: OMS, 2004. Disponível em: <http://biblioteca.cofen.gov.br/wp-content/uploads/2014/11/CLASSIFICACAO-INTERNACIONAL-DE-FUNCIONALIDADE-CIF-OMS.pdf>. Acesso em: 28 out. 2019.

PAGNEZ, K. S. M. M. Aperfeiçoamento: "A gestão do desenvolvimento inclusivo na escola". São Paulo: Unifesp, 2016. Módulo 4: a acessibilidade e a oferta do atendimento educacional especializado (AEE). Disponível em: <http://repositorio.unifesp.br/bitstream/11600/39187/1/COMFOR-GDIE%20Mod4.pdf>. Acesso em: 5 nov. 2019.

PEDRINELLI, V. J.; VERENGUER, R. C. G. Educação física adaptada: introdução ao universo das possibilidades. In: GORGATTI, M. G.; COSTA, R. F. (Org.). **Atividade física adaptada**: qualidade de vida para pessoas com necessidades especiais. 2. ed. Barueri: Manole, 2005. p. 1-27.

PELLEGRINI, A. M.; JUNGHANEL, V. **A educação física no ensino de primeiro grau e a pessoa portadora de deficiência**. São Paulo, 1985. Apostila.

PONTES, B. S.; NAUJORKS, M. I.; SHERER, A. Mídia impressa, discurso e representação social: a constituição do sujeito deficiente. In: CONGRESSO BRASILEIRO DA COMUNICAÇÃO, 24., 2001, Campo Grande. **Anais**...

ROMANHOLO, R. A. et al. Estudo do desenvolvimento motor: análise do modelo teórico de desenvolvimento motor de Gallahue. **Revista Brasileira de Prescrição e Fisiologia do Exercício**, São Paulo, v. 8, n. 45, p. 313-322. maio/jun. 2014. Disponível em: <https://www.researchgate.net/publication/275958083_Revista_Brasileira_de_Prescricao_e_Fisiologia_do_Exercicio_ISSN_1981-9900_versao_eletronica_ESTUDO_DO_DESENVOLVIMENTO_MOTOR_ANALISE_DO_MODELO_TEORICO_DE_DESENVOLVIMENTO_MOTOR_DE_GALLAHUE>. Acesso em: 4 nov. 2019.

ROPOLI, E. A. et al. **A educação especial na perspectiva da inclusão escolar**: a escola comum inclusiva. Brasília: Ministério da Educação; Secretaria de Educação Especial; Fortaleza: Universidade Federal do Ceará, 2010. (Coleção A Educação Especial na Perspectiva da Inclusão Escolar, v. 1).

ROUX, F. E.; DJIDJELI, I.; DURAND, J.B. Functional Architecture of the Somatosensory Homunculus Detected by Electrostimulation. **The Journal of Physiology**, v. 596, n. 5, p. 941-956, 1st Mar. 2018. Disponível em: <https://www.ncbi.nlm.nih.gov/pubmed/29285773>. Acesso em: 31 out. 2019.

SALAMANCA. Declaração de Salamanca. **Sobre Princípios, Políticas e Práticas na Área das Necessidades Educativas Especiais**. 1994. Disponível em: http://portal.mec.gov.br/seesp/arquivos/pdf/salamanca.pdf. Acesso em: 21 nov. 2019.

SANTOS, M. P. (Org.). **Dossiê**: da inclusão que à inclusão que teremos. Rio de Janeiro: Editora Abrace um Aluno Escritor, 2016. (Série Inclusão em Educação).

SARTORETTO, M. L. M. Inclusão: teoria e prática. In: BRASIL. Ministério da Educação. Secretaria de Educação Especial. **Ensaios pedagógicos**. Brasília: Ministério da Educação, 2006. p. 81-84. Disponível em: <http://portal.mec.gov.br/seesp/arquivos/pdf/ensaiospedagogicos2006.pdf>. Acesso em: 7 nov. 2019.

SARTORETTO, M. L.; BERSCH, C. R. **A educação especial na perspectiva da inclusão escolar**: recursos pedagógicos acessíveis e comunicação aumentativa e alternativa. Brasília: Ministério da Educação/Secretaria de Educação Especial; Fortaleza: Universidade Federal do Ceará, 2010. (Coleção A Educação Especial na Perspectiva da Inclusão Escolar, v. 6).

_____. O que é tecnologia assistiva? **Assistiva: tecnologia e educação**. Disponível em: <http://www.assistiva.com.br/tassistiva.html>. Acesso em: 11 nov. 2019.

SCHIRMER, C. R. et al. **Atendimento educacional especializado**: deficiência física. Brasília: Seesp; Seed; MEC, 2007. Disponível em: <http://portal.mec.gov.br/seesp/arquivos/pdf/aee_df.pdf>. Acesso em: 4 nov. 2019.

SILVA, J. M. S. da; BATISTA M. de O. A tecnologia assistiva e o AEE para alunos com deficiência do município de Vitória de Santo Antão – PE. In: EDUCERE CONGRESSO NACIONAL DE EDUCAÇÃO, 12., 2015, Curitiba. **Anais**... Disponível em: <http://educere.bruc.com.br/arquivo/pdf2015/22075_9793.pdf>. Acesso em: 11 nov. 2019.

SILVA, O. M. **A epopeia ignorada**: a pessoa deficiente na história do mundo de ontem e de hoje. 2. ed. São Paulo: Cedas, 1986.

SOUZA, C. S. M.; SOUZA L. C.; COSTA N. A. Orientações pedagógicas para o atendimento educacional especializado – AEE na educação básica. In: SEMANA DE INTEGRAÇÃO INHUMAS, 6., 2017, Inhumas. **Anais**...

SPOSITO, M. M. de M.; RIBERTO, M. Avaliação da funcionalidade da criança com paralisia cerebral espástica. **Acta Fisiátrica**, v. 17, n. 2, p. 50-61, jun. 2010. Disponível em: <http://www.actafisiatrica.org.br/detalhe_artigo.asp?id=53#>. Acesso em: 5 nov. 2019.

STERN, A. et al. A Longitudinal Study of Depressive Symptoms, Neuropsychological Functioning, and Medical Responsibility in Youth With Spina Bifida: Examining Direct and Mediating Pathways. **Journal of Pediatric Psychology**, v. 43, n. 8, p. 895-905, Sept. 2018. Disponível em: <https://www.ncbi.nlm.nih.gov/pubmed/29444296>. Acesso em: 5 nov. 2019.

TAO, H. et al. The Two Domain Hypothesis of Limb Prepattern and its Relevance to Congenital Limb Anomalies. **Wiley Interdisciplinary Reviews Developmental Biology**, v. 6, n. 4, July 2017. Disponível em: <https://www.ncbi.nlm.nih.gov/pubmed/28319333>. Acesso em: 5 nov. 2019.

TEMAS transversais. **Diversa**. Disponível em: <https://diversa.org. br/educacao-inclusiva/como-transformar-escola-redes-ensino/ temas-transversais/#formacao-aee>. Acesso em: 11 nov. 2019.

UNICEF – Fundo das Nações Unidas para a Infância. **Deficiência infantil**: sua prevenção e reabilitação – relatório da Reabilitation International. Nova York: Junta Executiva do UNICEF, 1980.

_____. **Situação mundial da infância 2013**: crianças com deficiência. Nova York: Unicef, 2013. Disponível em: <http://www.crianca. mppr.mp.br/arquivos/File/publi/unicef_sowc/sit_mund_inf_ 2013_deficiencia.pdf>. Acesso em: 5 nov. 2019.

VALDÉS-FLORES, M. et al. Caracterização de um grupo de pacientes não relacionados com artrogripose múltipla congênita. **Jornal de Pediatria**, Rio de Janeiro, v. 92, n. 1, p. 58-64, jan./fev. 2016. Disponível em: <http://www.scielo.br/pdf/jped/v92n1/pt_1678-4782-jped-92-01-00058.pdf>. Acesso em: 5 nov. 2019.

VAN DE GRAAFF, K. M. **Anatomia humana**. 6. ed. Barueri: Manole, 2003.

VASH, C. L. **Enfrentando a deficiência**. São Paulo: Pioneira; Edusp, 1988.

VELLOSO, M.; JARDIM, J. R. Funcionalidade do paciente com doença pulmonar obstrutiva crônica e técnicas de conservação de energia. **Jornal Brasileiro de Pneumologia**, v. 32, n. 6, p. 580-586, 2006. Disponível em: <http://www.scielo.br/pdf/%0D/jbpneu/v32n6/a17v32n6.pdf>. Acesso em: 8 nov. 2019.

VIVARTA, V. (Coord.). **Mídia e deficiência**. Brasília: Andi; Fundação Banco do Brasil, 2003. (Série Diversidade).

VOLPE, J. et al. **Volpe's Neurology of the Newborn**. 6. ed. Philadelphia: Elsevier, 2017.

WAGNER, R. et al. Perception of Secondary Conditions in Adults with Spina Bifida and Impact on Daily Life. **Disability and Health Journal**, v. 8, n. 4, p. 492-498, Oct. 2015. Disponível em: <https://www.disabilityandhealthjnl.com/article/S1936-6574(15)00048-5/abstract>. Acesso em: 5 nov. 2019.

WHO – World Health Organization. **International Classification of Functioning, Disability and Health (ICF)**. 2001. Disponível em: <http://www.who.int/classifications/icf/en/>. Acesso em: 28 out 2019.

WINNICK, J. P. **Educação física e esportes adaptados**. 3. ed. Barueri: Manole, 2004.

WRIGLEY, P. J.; SIDDALL, P. J.; GUSTIN, S. M. New Evidence for Preserved Somatosensory Pathways in Complete Spinal Cord Injury: a fMRI Study. **Human Brain Mapping**, v. 39, n. 1, p. 588-598, Jan. 2018. Disponível em: <https://www.ncbi.nlm.nih.gov/pubmed/29080262>. Acesso em: 5 nov. 2019.

ZESIEWICZ, T. A. et al. Comprehensive Systematic Review Summary: Treatment of Cerebellar Motor Dysfunction and Ataxia – Report of the Guideline Development, Dissemination, and Implementation Subcommittee of the American Academy of Neurology. **Neurology**, v. 90, n. 10, p. 464-471, 6 Mar. 2018. Disponível em: <http://n.neurology.org/content/neurology/90/10/464.full.pdf>. Acesso em: 31 out. 2019.

Bibliografia comentada

AMARAL, L. A. **Conhecendo a deficiência (em companhia de Hércules)**. São Paulo: Robe, 1995.

O livro trata de questões relativas à deficiência. Lançando mão da "companhia de Hércules", a autora faz algumas analogias entre aspectos da deficiência e os doze trabalhos do herói. Amaral convida o leitor para uma viagem e traça algumas rotas (temas): desvio, conceitos, impacto familiar, acolhimento da deficiência, integração social, meios de comunicação e perpetuação do estigma, estereótipo, prevenção da deficiência, diretos humanos e cidadania, entre outros.

GRAEL, L. **A saga de um campeão**. São Paulo: Editora Gente, 2002.

O livro trata da história de Lars Grael, medalhista olímpico brasileiro, que sofreu uma amputação quando seu veleiro foi atingido por uma lancha em alta velocidade. É uma obra que fala sobre a capacidade de recomeçar, indo muito além das expectativas.

ITO, K. Y. **Do outro lado do Sol**. São Paulo: O Nome da Rosa Editora, 2002

Esse livro fala sobre a história de Kátia Ito, que teve um angioma cerebral aos 19 anos, o que comprometeu o lado esquerdo de seu cérebro. Na época, ela era acadêmica de Medicina, e de uma hora para outra passou a ser dependente da ajuda de outras pessoas. Persistente, Kátia investigou todas as possibilidades terapêuticas para resgatar um dia a dia melhor.

JANNUZZI, G. M. **A educação do deficiente no Brasil**: dos primórdios ao início do século XXI. 2. ed. Campinas, SP: Autores Associados, 2006.

Essa obra trata da história da educação da pessoa com deficiência no Brasil de uma forma sistemática, com base em documentos oficiais e, ao mesmo tempo, relacionando o assunto com momentos históricos dos períodos do fim do século XVI e início do século XXI.

MANTOAN, M.T.E. (Org.). **O desafio das diferenças nas escolas**. Petrópolis, RJ: Vozes, 2008.

A obra reúne vários textos na perspectiva da educação inclusiva. Os autores nos convidam a pensar e a repensar as práticas educativas para que possamos avançar numa escola que atenda a todos. Os temas ligados ao processo inclusivo passam por temas como igualdade de direitos, identidade e diferenças, diferenças na escola, atendimento educacional especializado (AEE) e formação de professores.

REEVE, C. **Ainda sou eu**: memórias. São Paulo: DBA, 2001.

O livro trata da autobiografia do ator Christophe Reeve, que, após um acidente, ficou tetraplégico. A obra traz alguns momentos da carreira de ator, suas relações familiares e sua luta para lidar com a tetraplegia. Emocionante, Reeve revela-se um super-homem, não apenas nas telas do cinema, mas na forma incansável como lidou com o seu dia a dia após o acidente.

VUJICIC, N. **Uma vida sem limites**: inspiração para uma vida absurdamente boa. São Paulo: Novo Conceito, 2011.

Essa obra transmite mensagens de coragem para encarar as diferenças e viver uma vida próspera. O autor, Nick Vujicic, nasceu com má-formação em membros superiores e inferiores e transformou seus questionamentos em ações positivas em relação à vida. Ele deixa como mensagem central que, independente das dificuldades, cada um deve buscar o seu propósito para viver plenamente.

Respostas

Capítulo 1

Atividades de autoavaliação

1. C
2. B
3. B
4. A
5. A

Capítulo 2

Atividades de autoavaliação

1. C
2. A
3. D
4. B
5. A

Capítulo 3

Atividades de autoavaliação

1. B
2. A
3. A
4. A
5. A

Capítulo 4

Atividades de autoavaliação

1. A
2. D
3. D
4. D
5. D

Capítulo 5

Atividades de autoavaliação

1. D
2. E
3. C
4. B
5. A

Capítulo 6

Atividades de autoavaliação

1. C
2. E
3. B
4. C
5. C

Sobre as autoras

Maria de Fátima Fernandes Vara é doutoranda em Tecnologia em Saúde na Pontifícia Universidade Católica do Paraná (PUCPR); mestre em Educação e Trabalho, subárea Educação e Saúde, pela Universidade Federal do Paraná (UFPR); especialista em Anatomocinesiologia do Aparelho do Movimento, pela Universidade Tuiuti do Paraná (UTP); e graduada em Fisioterapia pela UTP e em Educação Física pela UFPR. É professora de Educação Física Adaptada e Cinesiologia, fisioterapeuta da Associação dos Deficientes Físicos do Paraná (ADFP) e do Clube Duque de Caxias e Diretora de Pesquisa da ADFP. Trabalhou no Comitê Organizador dos Jogos Olímpicos como gerente de serviços de canoagem slalom e dos Jogos Paralímpicos como gerente de serviço esportivo paralímpico Rio 2016. Atualmente, é *head* de classificação funcional da International Canoe Federation (ICF).

Ruth Eugênia Cidade é doutora e mestre em Educação Física pela Universidade Estadual de Campinas (Unicamp), na área de Atividade Física e Adaptação; especialista em Educação a Distância pela Universidade Federal do Paraná (UFPR); é graduada em Fisioterapia e Educação Física pela Universidade Estadual de Londrina (UEL). É autora de vários livros e artigos; desde 1982 é docente no ensino superior. Professora no Departamento de Educação Física da UFPR, foi diretora do Centro de Educação Física e Desportos em duas gestões.

Desde 2001, atua no planejamento e execução de bancas de verificação e atendimento especial do Núcleo de Concursos. Foi diretora de esportes da Associação dos Deficientes Físicos do Paraná (ADFP), presidente da Sociedade Brasileira de Atividade Motora Adaptada (Sobama), participou de duas paralimpíadas (1996 e 2000) como pesquisadora e também como integrante da delegação brasileira nos Jogos Mundiais da Special Olympics (2007) em Shangai, na China.

Impressão:
Dezembro de 2019.